# 「国民年金」150%トコトン活用術

日向 咲嗣
Hyuga Sakuji

同文舘出版

# 3章 若者も得られる国民年金の安心保障とは？

## 4章 困ったときの国民年金未納マニュアル

## 5章 トクする年金の裏ワザ 若者編

## 6章 トクする年金のもらい方 基本編

## 7章　トクする年金のもらい方　雇用保険編

カバーデザイン　齋藤稔
本文デザイン・DTP　マーリンクレイン

プロローグ

# 国民年金は、本当はこんなにおトク

「国民年金は、10年保険料を納めればもらえるようになりました」

高校卒業後、なかなか希望する条件の仕事にありつけず、何度も転職を繰り返していたUさん（42歳）は、あるとき、ネットにアップされていたこんな情報をみて、ビックリ仰天しました。

あれっ、年金って、30年とか40年掛けてないともらえないんじゃあなかったっけ？　そう思って記事をよく読んでみると、どうやら最近、法律が改正されたらしい。

ちなみに彼は、これまで一度も国民年金の保険料を払ったことがありません。

どうせ自分には関係のないこと、と年金に関する話題は気にせずスルーしてきたのですが、30歳をすぎたあたりから、少しずつ将来が不安になってきていたところに、なんだかとても気になってしかたないニュースとなっていたのです。

10年なら、自分にもまだまだチャンスはある。最近、勤務先の会社が「希望者は、厚生年金に加入可」といってきていたので、それに応じたら国民年金にも加入したことになるはずなので、この際、思い切って決断してしまおうか。

一度はそう思い立ったものの、厚生年金に加え健康保険の保険料も合わせると、額面25万円の給料から毎月4万円も天引きされるのは痛い。かといって、このまま年をとっていくと、将来仕事ができなくなっても1円の年金もなしで路頭に迷いかねない。

いったい、どうしたらいいのか。しばらくスマホで検索してみたりしたものの、結論が出ないまま、ただただ時間だけがすぎていくのでした。

## 有利な改正も

あなたは、公的年金は何年保険料を納めたら、もらえるようになるのか知っていましたか？多くの人は、Uさんと同じように、あやふやな知識しかなく、将来に対して漠然とした不安を抱いているはず。

新卒で入社した会社に定年まで勤務するのなら、年金の知識などなくても、「会社がいいようにしてくれる」はずですが、途中で年金加入の空白期間があったり、社会保険なしの勤務が長かった人にとっては、年金の基礎知識は、少し大袈裟にいえば将来にわたっての「死活問題」なのです。

最近、70歳まで働けるように継続雇用年齢を引き上げる検討を政府が始めたというニュースが大きな話題を呼んでいます。きっと、これを聞いた人は、「将来、年金の受給開始も70歳になるのではないか」と不安に思ったでしょう。

70歳まで働かなければならなくなるようなら、もう年金制度は崩壊しているも同然、と考えるのも無理はありません。

しかし、だからといって、公的な制度に背を向けて生きていけるわけではありません。

年金制度は、非常に長い時間をかけて構築されてきたものです。そのため、時代に応じて臨機応変に変えることはできませんが、少し遅れながらも、受給者が有利になる方向への改定もなされているのです。

## 10年払えばもらえる！

その代表例が冒頭で紹介した「国民年金の受給資格期間の短縮化」です。改正前は、「国民年金に加え厚生年金など公的年金に25年以上加入して保険料を払っている」ことが、国民年金を受給するために、最低限クリアしなければならない条件でした。

厚生年金（または公務員・私学勤務者向けの共済年金）も、全国民の基礎年金として位置づけられている国民年金の受給資格のある人にしか支給されません。

その結果、国民年金は未納にしてきたけれど、会社勤めをしていた頃に、無理矢理給与から保険料を天引きされていた厚生年金の加入期間が19年もあるよなんていう人は、長年掛け続けてきた保険料をすべてドブに捨てたのと同じ結果になってしまっていました。

そうした不都合を解消するために、２０１７年、受給資格期間が25年から10年まで短縮されたのです。

その結果、長年、国民年金を未納にしてきた人でも、これから10年保険料を掛け続ければ、年金はもらえるようになったのです。

もし、国民年金の保険料を払う余裕がなければ、保険料免除申請をすることもできます。この手続きをすれば、保険料を全額免除された期間は、保険料を半額払ったことにしてくれる特典がついてきます。もちろん、なにもせずに未納のままでいた人は、将来、１円ももらえません。

## 個人年金はハイリスク

どうせ年金制度は近い将来に破綻するのだから、保険料の払い損になるに決まってる。

いつ頃からか、そのような「年金崩壊論」が当たり前のように語られるようになりました。

確かに、少子高齢化の進行で、人口構成が逆ピラミッド型に近づいていけばいくほど、現役世代の負担は増える一方です。将来の年金受給見込み額が厳しくなるのは、異論を差し挟む余地のない事実でしょう。

だからといって、将来、年金制度が崩壊することを前提に行動することほど危険なことはありません。

たとえば、公的年金はあてにならないからと、民間の生命保険会社の個人年金で若い頃から備えておくといった方法をとる人は、かえって大損するリスクがあります。

民間の個人年金は、単に運用会社が、本人に代わって資金を運用してくれるというだけのことですから、運用成績の結果はすべて本人がかぶることになります。

株や債券が暴落して運用成績が悪化すれば、当然、想定していた年金給付も危うくなります。逆に、良好な運用成績を得られたとしても、ある日突然、猛烈なインフレになって物価が高騰するかもしれません。

## 10年で終わる個人年金

昨日まで1本200円だった大根が、1本1000円になれば、生活費は全体で高騰しますが、個人年金の受取額は変動しないので、生活は苦しくなるかもしれません。

現状でも、長らく超低金利が続いているため、民間の生保会社が売り出す個人年金は、お世辞にもおトクとはいえなくなっています。

仮に20歳になったばかりの人が、これから標準的な個人年金に加入して、毎月2万円を60歳まで40年間、総額960万円の保険料を払い続けたとします。

すると、65歳から年間100万円受け取れますが、受取期間は10年にすぎません。つまり、74歳で年金の支給は終わり。プラスになるのはたった40万円です。

その点、国民年金は、現在の保険料1万6000円を今後40年間払い続けると、保険料の払い込み総額は768万円。65歳から年間78万円受給すると10年間で780万円ですから、75歳まで生きればモトが取れます。85歳までの20年間では1580万円と、2倍の受取額です。

## 「物価・賃金スライド」を実装

これは、今後保険料を納める人の場合の試算なので、過去に長い加入歴がある人はまた違った試算結果になります。そして将来、年金制度が改定されると、この試算通りにはいきません。

しかし単純に、現状における民間の個人年金と国民年金とのしくみを比較すると、明らかに国民年金に軍配があがるのは間違いありません。

国民年金のほうが有利なのは、保険料の一部を国が負担してくれているからです。財源は税金です。保険料を納める余裕がないからといって、そのまま未納にしていると、将来1円ももらえません。しかし、免除申請を行なっていれば、たとえ1円も納めていなくても、税金で負担されている分だけは将来も保障されるのです。

また、民間の生保会社は、個人の生活の心配までしてくれません。その点、公的年金の基盤である国民年金の場合は、「物価・賃金スライド」というしくみを実装しています。多少の変動では発動されることはないのですが、猛烈なインフレ時には、救いの神となるかもしれません（デフレ時に発動されると年金減額になる）。

## 主役は国民年金

40年フルに納付しても月6・5万円しかもらえない国民年金は、それ単体では、リタイア後の生活を賄えません。しかしその上には厚生年金と企業年金があり、さらには税制優遇のメリットを受けられる国民年金基金や個人向けの年金積立などもあります。

リタイア後の生活設計は、それらの制度を総動員して組み立てていく時代になってきたと言えるでしょう。

そうした年金制度のなかで、すべての中心に位置し、基幹になるのが国民年金です。

そこで本書では、国民年金を中心に据えて、利用できるその周辺制度についても詳しく解説していきます。

また、年金受給とか将来のことなんて考える余裕がないという人にとっても、いまどのような働き方をすれば、結果的に社会保険料の負担が軽減できるのかについても詳しく解説していきます。

これまで「年金についてはは不安だらけなので、わざと考えないようにしていた」人も、今日からは、安心して迎えられるリタイア後の生活の準備ができるようになるはずです。

## 国民年金4つのキホン

では、本題に入る前に、すべての人が対象になる国民年金の基本的なしくみについて予習しておきましょう。

①国民年金の保険料は、現在、月額1万6000円、年額約20万円（厚生年金の人は、その保険料に国民年金の分の保険料も含まれている）

②年間20万円の保険料を1年納めるたびに、年間2万円弱ずつ将来の年金受取額が増えていく（40年で年間、満額80万円マイナス2万円の78万円の年金額と覚えておくと便利）

③国民年金や厚生年金（公務員・私学職員の共済年金含む）などの公的年金を10年以上納めると、将来65歳から国民年金（＋厚生年金）をもらえるようになる

④もし、保険料を納付する経済的余裕がなければ、免除申請をしておくと、あとからさかのぼって（最長2年）追納することができ、追納しなかった場合でも、将来、その期間分は保険料を一部納めた（全額免除なら半額）ことにして、年金額が計算される

《おことわり》

本書に掲載されたデータは、一部有効年月日を記載した箇所を除いて、2019年10月1日現在のものです。

また、雇用保険の運用については、各職業安定所（ハローワーク）の裁量に任されている部分が大きいため、ケースによっては本書の記載とは異なる判断がくだされる可能性もあります。

重要なことにつきましては、そのつどご自分で所轄の職業安定所や年金事務所などにご確認されたうえで行動されることをお勧めいたします。

# 1章

# すぐわかる国民年金改正のポイント

# 序 次々に施行された年金改革法

ここ数年に改定された年金関連の法改正のほとんどは、２０１２年に行なわれたものです。それらが２０１４年から２０１７年にかけて、順次施行されています。

先に概略を説明しておきますと、主な改正ポイントは、以下の４つでした。

**①年金受給資格期間を25年から10年に**

**②短時間労働者に対して厚生年金の適用を拡大**

**③産休中の厚生年金保険料を免除とする**

**④遺族基礎年金の父子家庭への支給を行なう**

このほかにも、公務員や私学職員向けの共済年金を厚生年金に統一する改正や、基礎年金（厚生年金加入者の国民年金部分のこと）の国庫負担２分の１を恒常化する年限を２０１４年度にすることなど制度の基本設計にかかわる部分の改正も行なわれています。

知っておきたいのは、これら4つの改正ポイントは、どれも受給者にとっては、給付面で有利になるプラスの改正だったということです。

そして、2016年にも再度、公的年金に関する法改正が行なわれているのですが、こちらの主なポイントは以下の3点です。

**①短時間労働者への厚生年金適用の拡大促進**
**②国民年金加入者の産前産後の保険料免除（2019年4月1日～）**
**③年金額の物価・賃金スライドを調整**

こちらは、専業主婦など短時間労働者の保険料負担が重くなるマイナスの要素も一部ありますが、おおむね受給者にとってプラスになる改正でした。

では、具体的にどんな内容なのでしょうか。次項から、ひとつずつ詳しくみていきましょう。

# 1 年金受給資格期間を25年から10年に

最近の法改正のなかでも、最もインパクトが大きいのが受給資格期間の短縮です。

プロローグでも述べたように、改正前は、国民年金の保険料を納付した期間や保険料免除が認められた期間等をトータルした期間（受給資格期間）が25年以上ないと、将来、国民年金をもらえませんでした。

ところが、２０１７年8月1日からは、受給資格期間が10年以上あれば、65歳以降に、国民年金がもらえるようになりました。

「受給資格期間」には、国民年金だけでなく、厚生年金等の公的年金に加入して保険料を払っていた期間や、保険料免除申請をしてそれが認められた期間、さらには「カラ期間」と呼ばれる保険料納付義務のなかった期間も含めることができます。

「カラ期間」とは、具体的には、左表に該当するケース。これらは、将来の年金額には反映されませんが、資格期間には含めることができるのです。

この改正によって、将来、国民年金を１円ももらえなくなる人は、ほとんどいなくなるはず

## 年金の受給資格期間

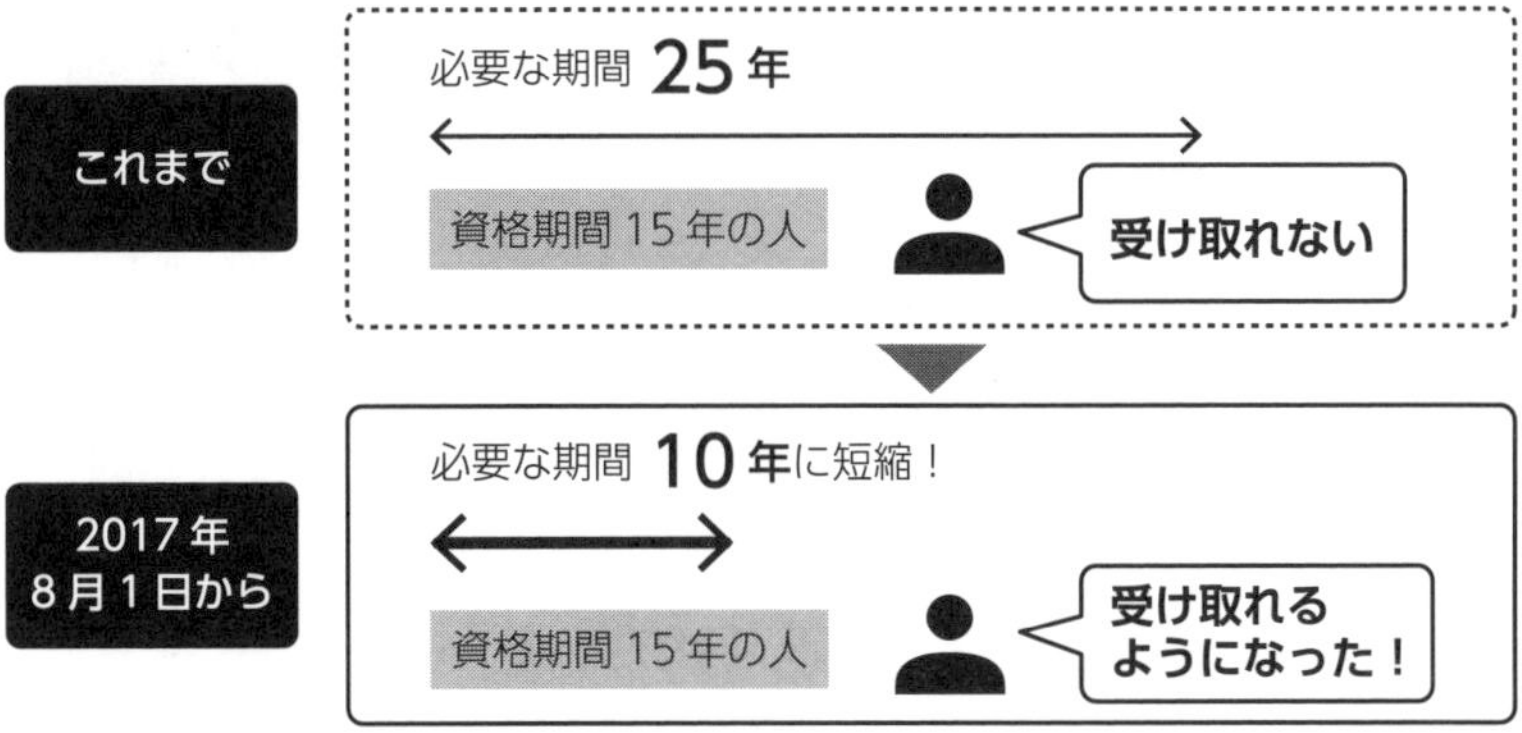


**「資格期間」とは？**

- 国民年金の保険料を納めた期間や免除された期間
- サラリーマンの期間（船員保険を含む厚生年金保険や共済組合等の加入期間）
- 年金制度に加入していなくても資格期間に加えることができる合算対象期間

これらの期間を合計したものが「資格期間」。

**合算対象期間（「カラ期間」）とは？**

過去に国民年金に任意加入していなかった場合でも
年金受け取りに必要な資格期間に含むことができる期間のこと。
ただし、年金額の算定には反映されない。

①1986（昭和61）年3月以前に、サラリーマンの配偶者だった期間
②1991（平成3）年3月以前に、学生だった期間
③海外に住んでいた期間
④脱退手当金の支給対象となった期間　など

です。

もし、60歳時点で10年の受給資格期間をクリアしていなくても、そこから任意加入して65歳まで保険料を納めることができます。それでもまだ受給資格を満たせない場合には、70歳まで任意加入することができます。

ただし、最低の10年加入では、年間20万円弱しか年金はもらえません。なので、任意加入して受給資格が得られたとしても、単純にトクとはいえないでしょう。

## 2 短時間労働者に対して厚生年金の適用を拡大

パートやアルバイトで、いわゆる社会保険（厚生年金と健康保険）に加入できるのは、週の労働時間が30時間以上（常勤社員の所定労働時間が週40時間の場合）働いている人のみでした。たとえば1日6時間勤務を週5日続けているような人でなければ、厚生年金と健康保険に加入できなかったわけです。

それが２０１６年10月1日からは、週20時間以上勤務なら、「月収８・８万円以上」「１年以上の雇用見込み」「学生ではない」といった条件を満たすと、社会保険の対象になることとなりました。

雇用保険の加入要件は、もともと週20時間以上勤務だったので、これまで雇用保険のみ加入していた人は、ほかの社保とセットで加入できるようになりました。

ただし、すべての事業所が対象というわけではなく、従業員５０１人以上の事業所に勤務する人だけに当面は適用されます（２０１９年再度改正）。短時間勤務のパート・アルバイトの人は、安月給から社会保険料を引かれると、手取りが激減しそうですが、自分のサイフから毎

### パート労働者が厚生年金に加入する要件は？

以下の（1）～（5）の要件をすべて満たす短時間労働者の方が対象。

**（1）1週間あたりの決まった労働時間が20時間以上であること**
▶労働時間の中に残業時間は含めない。あらかじめ働くことが決まっている労働時間（所定労働時間）。

**（2）1カ月あたりの決まった賃金が88,000円以上であること**
▶賃金の中に賞与、残業代、通勤手当などは含めない。あらかじめ決まっている賃金（所定内賃金）。契約書等で不明な場合は、たとえば「時間給×週の所定労働時間×52週÷12カ月」で計算。

**（3）雇用期間の見込みが1年以上であること**
▶雇用期間が1年未満である場合であっても、就業規則や雇用契約書等の書面においてその契約が更新される場合がある旨が明示されている場合などを含む。

**（4）学生でないこと**
▶ただし、夜間、通信、定時制の学生は対象となる。

**（5）以下のいずれかに該当すること**
**①従業員数が501人以上の会社（特定適用事業所）で働いている**
**②従業員数が500人以下の会社で働いていて、社会保険に加入することについて労使で合意がなされている**

月、国民健康保険や国民年金を納めることを考えれば、決して損ではありません。厚生年金、健康保険ともに保険料の半額は会社負担だからです。

たとえば時給900円で週20時間働く人は、月収7万2000円のなかから、国民年金1万6000円と国民健康保険1万2000円程度の計2万8000円もの負担を強いられています。

この人が社保に入れれば、健保と厚生年金の天引額は、1万2000円程度で済むのです。なので、決して悪い話ではないと思います。

# 3 産休中の厚生年金保険料を免除

少子高齢化対策の必要性が叫ばれるなか、子育てをしながら働く女性を支援する制度の整備が進められています。

年金関連では、2014年度からは産休中の女性については、厚生年金と健康保険の保険料が全額免除されるようになりました。

会社勤めの女性の場合、産休と育児休業の期間中は、健保から出産手当金（産前42日産後98日）が出ます。続けて育児休業に入る場合も子供が1歳になるまで、雇用保険から育児休業給付金が出ます。

いずれもそれまでもらっていた給与の3分2程度は、休業していてももらえるのですが、社会保険料を別に自己負担するとなると、手取りは激減してしまいます。

そこで、休業中の給付に加えて、社保に関する実質負担もゼロにしてあげようというのがこの法改正です。

もともと育休中は子供が3歳になるまで、社会保険料は免除だったのですが、産休中だけは

### 産休中の年金保険料はどうなる？

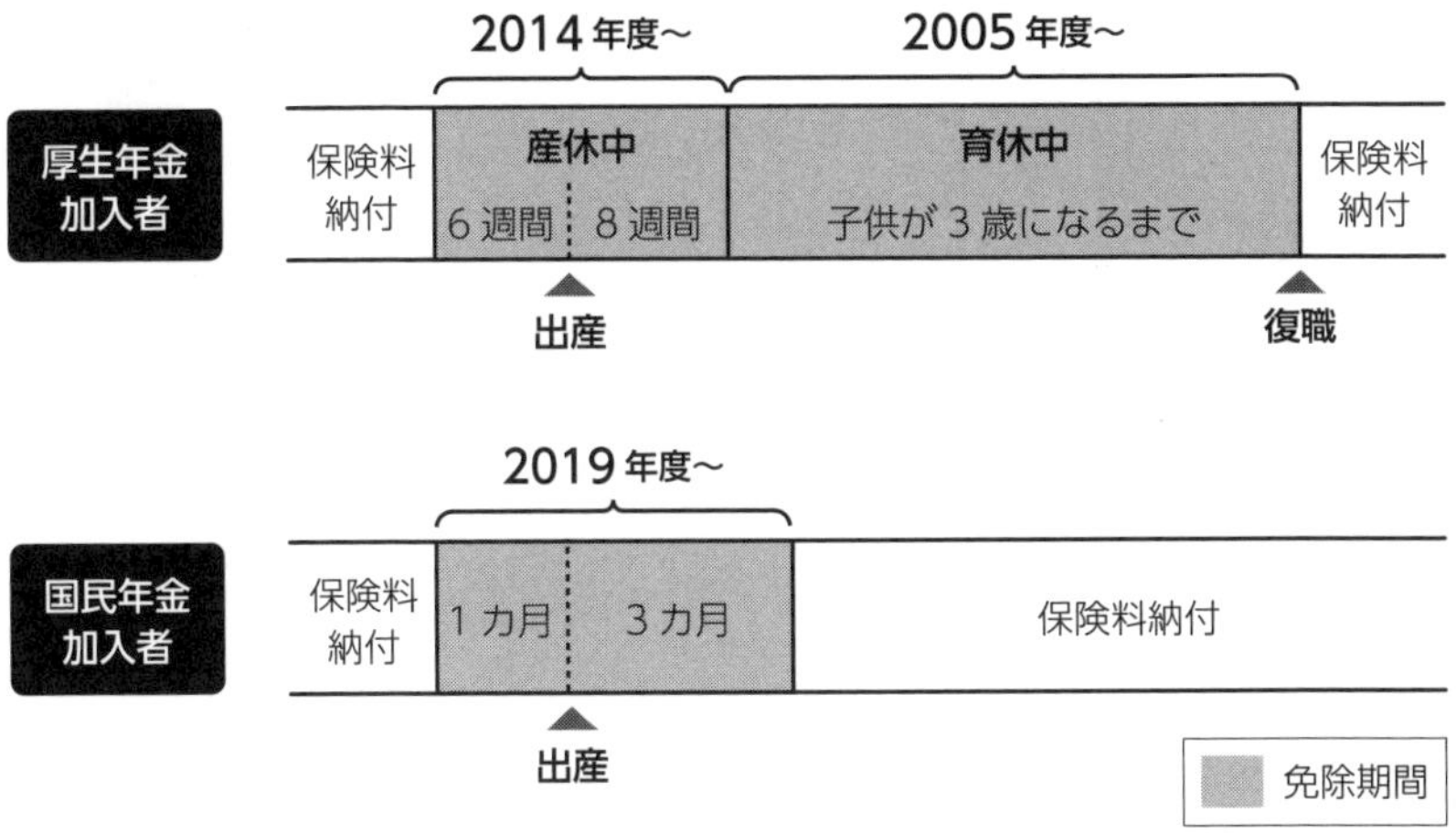


社会保険料が徴収されていました。それが、２０１４年４月からは、産休中も含めて社会保険料が免除となったわけです。

しかし、配偶者が会社勤めではなく、国民年金と国民健康保険に加入している人の場合は、この恩恵を受けられませんでした。

そこで、２０１６年の法改正で、国民年金の保険料も産休中に限って免除されることとなりました。ちなみにこの改正法の施行は、２０１９年４月からです。

# 4 遺族基礎年金を父子家庭へも支給

公的年金の土台部分である国民年金には、リタイア後の年金とは別に、生命保険と同じ機能が備わっています。すなわち、被保険者である一家の大黒柱が亡くなったとき、遺された妻子が生活に困らないよう、遺族年金が支給されるようになっているのです。

もらえる年金額は、子供ひとり世帯で年間約100万円、子供2人世帯なら年間約122万円と、決してあなどれない額なのですが、この制度には、大きな欠陥がひとつありました。

それは、大黒柱の父親が亡くなって遺された母子にだけ支給され、母親が亡くなって遺された父子には支給されないことです。

同じ国民年金の保険料を納めているのに、男女で扱いが異なるのは不公平と長年指摘されてきましたが、2012年の法改正によって、ようやくこの点の改善が実現。2014年4月1日以降は、母親が亡くなった父子家庭にも、遺族基礎年金が支給されるようになりました。

ただし、遺族基礎年金が支給されるのは子供がいる配偶者のみ。また、子供が18歳になるまでしか支給されません。

## 遺族基礎年金をもらえるのは？

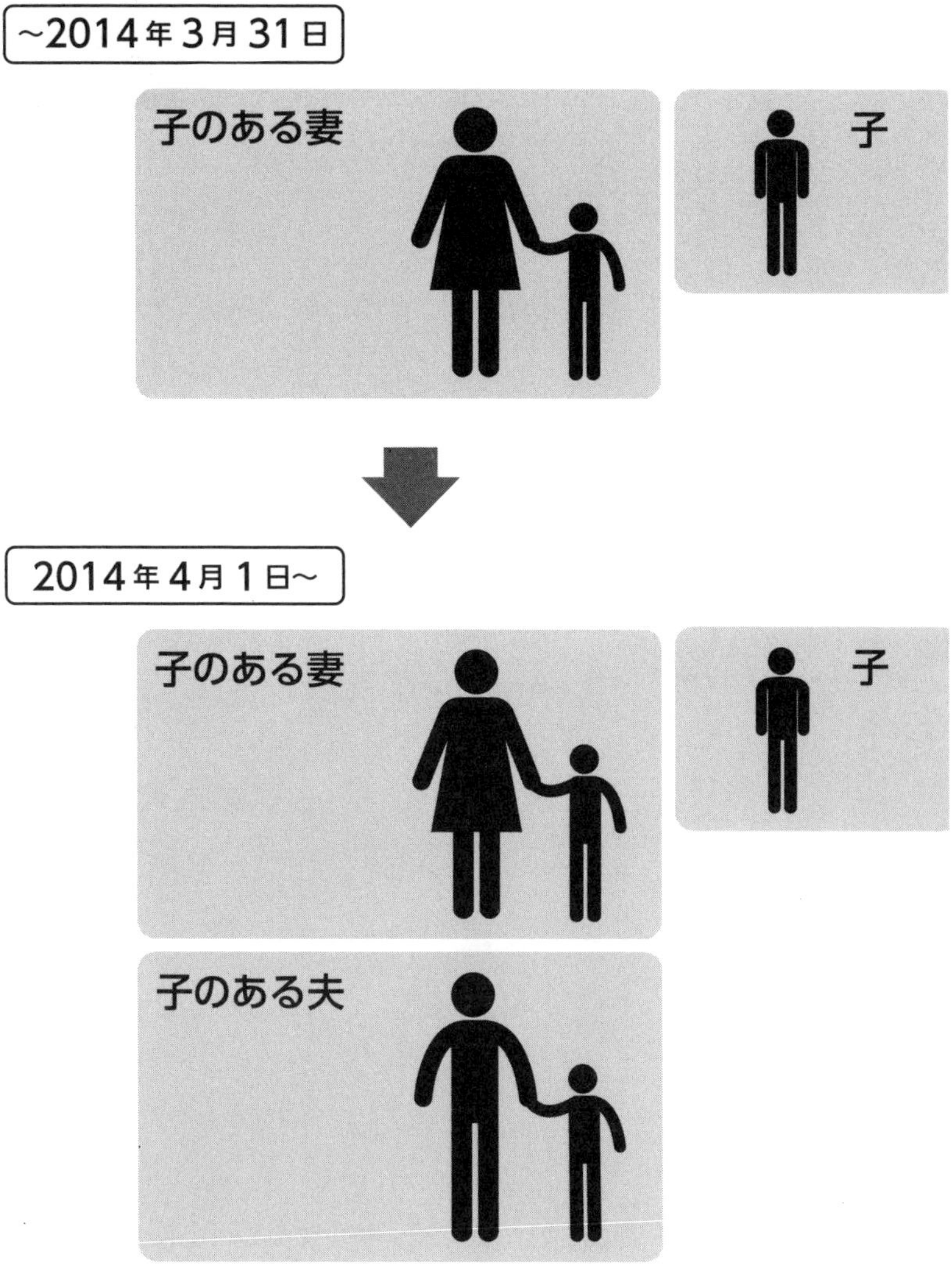

# 5 短時間労働者への厚生年金適用を促進

先述した2012年の法改正で導入（施行は2016年10月～）されたパート・アルバイト勤務の人に対する社会保険（厚生年金＋健康保険）の拡大の対象は、かなり限定されていました。

というのも、このとき短時間勤務のスタッフで厚生年金と健康保険に加入義務が生じるのは、従業員数501人以上の事業所のみだったからです。それ未満の中小零細企業に雇用されている人については、たとえ週20時間以上働いていても、これまで通り社会保険には加入しなくてよいとされてきました。

しかし、これでは不安定な非正規労働者にも、広く社会保険加入を促すという法改正の主旨が骨抜きにされてしまいます。

そこで、2017年4月から追加措置として取り入れられたのが、適用促進措置。従業員500人以下の企業でも、労使の合意に基づき、適用拡大を可能とするしくみです。

具体的には、社内の労働組合など従業員の過半数を組織する団体や、過半数を代表する人の

## パート労働者が厚生年金に加入する要件は？

以下の（1）～（5）の要件をすべて満たす短時間労働者の方が対象。

2016年10月～

**（1）1週間あたりの決まった労働時間が20時間以上であること**

▶労働時間の中に残業時間は含めない。あらかじめ働くことが決まっている労働時間（所定労働時間）。

**（2）1カ月あたりの決まった賃金が88,000円以上であること**

▶賃金の中に賞与、残業代、通勤手当などは含めない。あらかじめ決まっている賃金（所定内賃金）。契約書等で不明な場合は、たとえば「時間給×週の所定労働時間×52週÷12カ月」で計算。

**（3）雇用期間の見込みが1年以上であること**

▶雇用期間が1年未満である場合であっても、就業規則や雇用契約書等の書面においてその契約が更新される場合がある旨が明示されている場合などを含む。

**（4）学生でないこと**

▶ただし、夜間、通信、定時制の学生は対象となる。

2017年4月1日～

**（5）以下のいずれかに該当すること**

**①従業員数が501人以上の会社（特定適用事業所）で働いている**

**②従業員数が500人以下の会社で働いていて、社会保険に加入することについて労使で合意がなされている**

同意があれば、短時間労働者であっても社会保険に加入できるようになりました。

これからは、規模が小さくても、パートやアルバイトにも社会保険が適用される待遇のいい会社と、そうでない会社にクッキリと分かれるでしょう。

# 6 年金額の物価・賃金スライドを調整

年金額は、2004年までは物価の変動によって見直される「物価スライド」方式でしたが、2005年からは「マクロ経済スライド」という方式が取り入れられました。

これは、単純に物価や賃金の変動だけで年金額を決めるのではなく、マクロ経済の観点（国の財政収支などより大きな観点）から、財政的に無理のないよう給付水準を自動的に調整するしくみのことです。

具体的には、物価変動と賃金変動に、マクロ経済の観点から計算したスライド調整率を掛けて年金額を改定していく方式になっています。

その改定ルールが一部変わりました。

左の図をみてください。景気後退局面では、賃金（物価）がほんの少し上がったくらいだと「部分調整」されても年金額は下がりません。しかし、その未調整分については、あとから景気回復局面で「キャリーオーバー（持ち越し）」が適用されることになりました（2018年4月より）。

## 年金額の調整方式

**2018 年 4 月～**

**①マクロ経済スライドによる調整のルールの見直し**
（少子化、平均寿命の伸びなど長期的な構造変化に対応）

**景気回復局面においてキャリーオーバー分を早期に調整（高齢者の年金の名目下限は維持）**

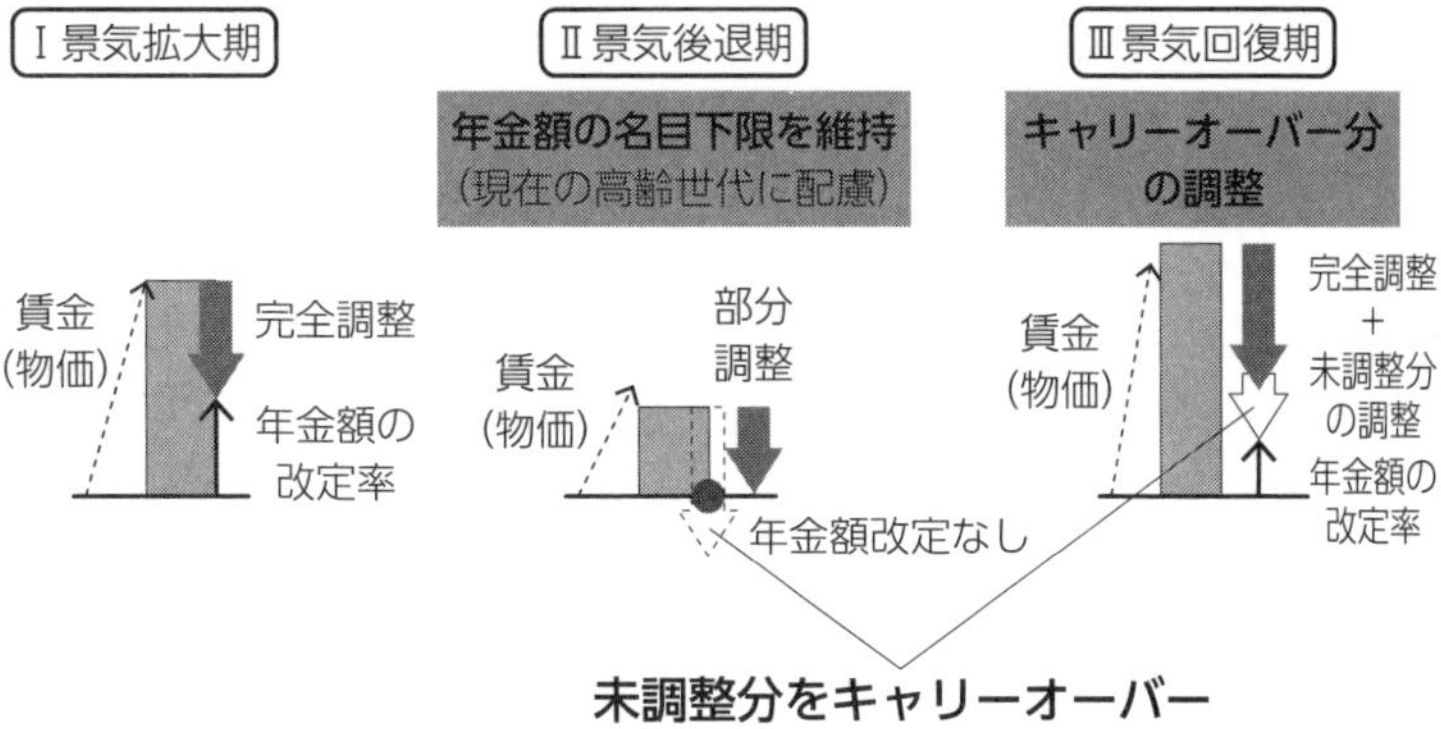


**2021 年 4 月～**

**②賃金・物価スライドの見直し**
（賃金・物価動向など短期的な経済動向の変化に対応）

**年金は世代間の仕送りであることから、現役世代の負担能力が低下しているときは、賃金変動に合わせて改定**

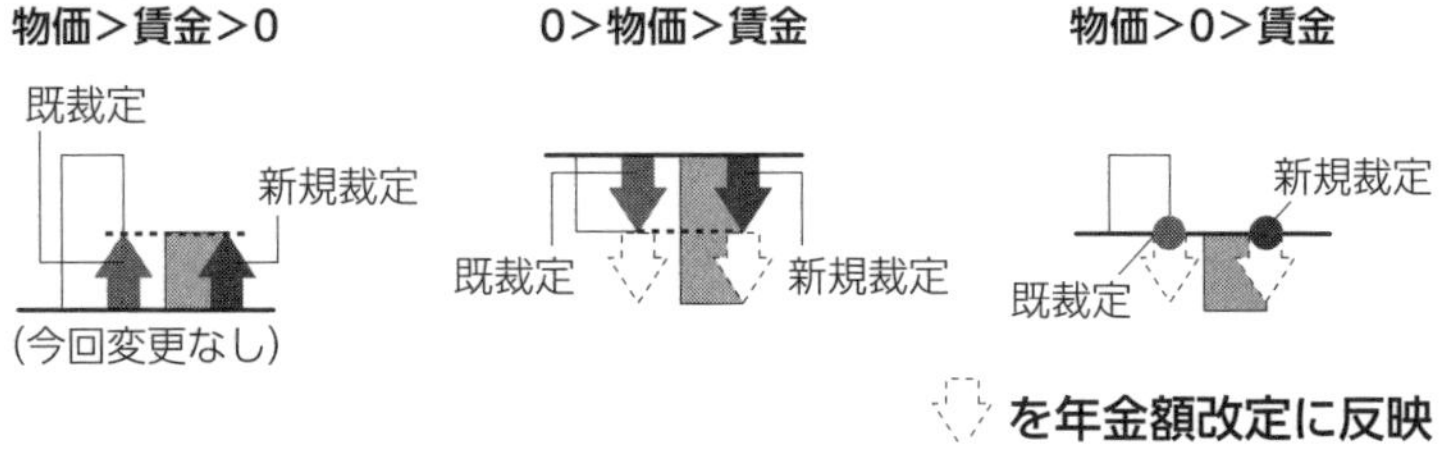

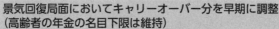

さらに、2021年4月からは、賃金と物価ともに低下していて、なおかつ賃金が物価よりも下がっているときには、現役世代の負担増を考慮して、賃金の物価下落率を上回った分を年金額に反映させるようになります。

これにより、年金財政はこれまで以上に安定的に維持できるでしょうが、もし今後、年金給付が年々減っていくような事態ともなれば、年金制度そのものの信頼性に疑問符がつくのではないかと思います。

# 2章

# あなたが
# 将来もらえる
# 国民年金はいくら?

# 序 年金履歴が消えている？

「あれっ、なんでこんなことになっているの？」

最近転職したばかりのS子さん（42歳）は、先日自宅に届いた「ねんきん定期便」なるハガキをみて、腰が抜けそうになるくらい驚きました。

専門学校を卒業後、もう20年以上も働いてきたのに、過去の年金加入期間は、厚生年金を合わせてもたった5年くらいしかなかったからです。

国民年金の保険料を未納にしていた時期は確かにあったけれど、ここ数年は、フルタイム勤務で社会保険加入の会社に勤務しているため、年金の不安はなくなったと思っていたのですが、思っていたよりも未加入の期間が長かったのです。

このままでは、早期にリタイアして海外移住どころか、死ぬまで働かなくてはいけないと、どんよりした気持ちに陥ったのでした。

## 受取額は予想できる

あなたは、将来いくら年金をもらえるか知っていますか？「まだかなり先のことだし、どうせ計算もややこしいんでしょ」と思っているとしたら、そろそろ考えを改めないといけないかもしれません。

いまでは、すべての公的年金加入者に対して年に一度「ねんきん定期便」が送られています。その通知には、将来の年金受取予想額まで明記されているので、誰でも簡単に将来を予測できるのです。

もちろん、そこに記載された予想額は、あくまでこれまでの保険料納付実績をもとにした概算なので、必ずしもその通りの支給額になるとは限りませんが、ある程度、参考になることは間違いありません。

例外的に、企業年金の一部や年金未支給の配偶者がいる人の加給年金など、ねんきん定期便には反映されない部分もありますので、その点さえ頭に入れておけば、公的年金の基本的なしくみを理解するにはもってこいの〝教材〟といえるでしょう。

では、このねんきん定期便の書式をもとに、国民年金のしくみをみていきましょう。

# 1 「ねんきん定期便」は、ココに注目する

「ねんきん定期便」は、圧着式のハガキで届けられます。そのオモテ側の矢印から開いて、「照会番号」の下をみてください。

「これまでの加入実績に応じた年金額」の「去年」と「今年」の推移がグラフで表示されています。また「今後の加入状況に応じた年金額（65歳時点）」に加えて、「今後の加入状況に応じた年金額（70歳まで遅らせた場合）」まで、親切に試算してくれています。

現時点で、65歳からいくらくらいもらえるのか、目安がわかるのはありがたいですが、さすがに、受給開始を「70歳まで遅らせた場合」のグラフに「最大42％増」と斜線まで引いて示しているのは、大きなお世話というか、明らかに誘導です。

とりあえず、年金額のめやすがわかるものと考えておくべきでしょう。

## 年金の納付状況がわかる

右ページには「最近の月別状況です」として、作成日の前前月くらいから、過去1年間に納

## 2019年度「ねんきん定期便」（50歳未満）オモテ

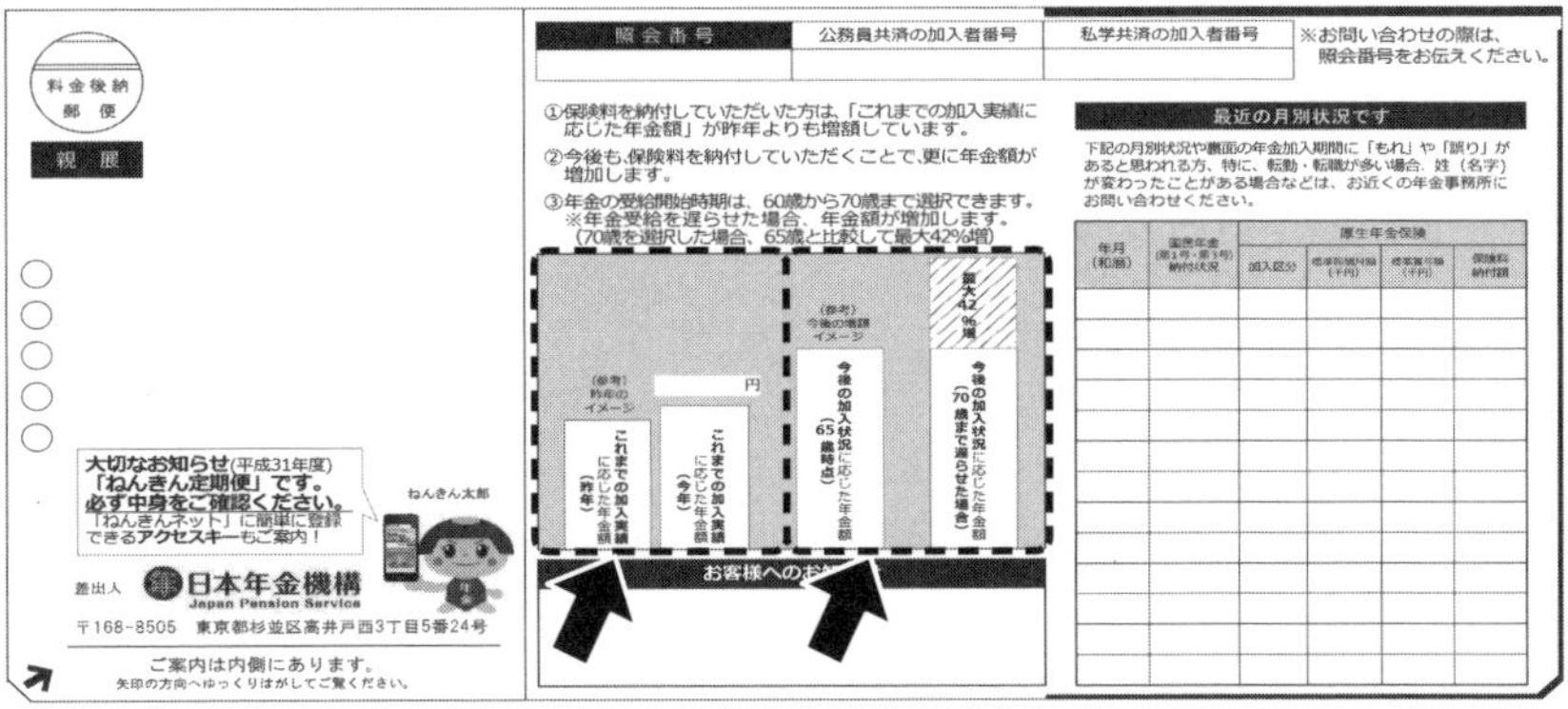


「ねんきん定期便」の50歳未満向けハガキをオモテ面から開いたところ。「これまでの加入実績に応じた年金額」が表示されている。書式は定期的に改訂されており、上の書式は2019年度に改訂されたもの。2018年度以前は、「65歳受給開始」と5年遅らせた「70歳受給開始」を比較した棒グラフはなかった。

付した国民年金・厚生年金の保険料が記録されています。

まず、左列には「国民年金（第1号・第3号）納付状況」が明示されています。

この「納付状況」には、「納付済」や「未納」、「未加入」だけではなく、「3号」「学特」「全額免除」「半額免除」など、細かい区分が表示されています。

直近の1年間について、それらのどれに該当するかが記載されているわけです。

それぞれの区分の内容については、のちほど詳しく解説しますので、そちらを参照していただくとして、とりあえず、この部分の記録を詳しくチェックしてみて、間違っていないかどうかを、そのつど確認しておくことが大切でしょう。

ちなみに、「第1号」とは、ごく普通に国民年金の保険料を自分のサイフから毎月払っている人たちのことで、非サラリーマンの自営業者や勤務先で社保に加入していない非正規労働者が対象です。

もう一方の「第3号」とは、サラリーマンや公務員などに扶養されている配偶者＝専業主婦（夫）のこと。詳しくは後述しますが、この両方の月数を足した月数（未納月数を除く）によって、国民年金の受給額が決まります。

右列の「厚生年金保険」の欄は、厚生年金のほか、船員保険や公務員共済制度、私立学校教職員共済制度など、被用者保険（雇用されている人の保険）での、最近の加入状況が詳しく記録されています。

厚生年金の人は、「年月」別に、保険料を決める等級である「標準報酬額」（給与・ボーナスの平均から算出）と、実際に自己負担した「保険料納付額」が一覧表になってまとめられています。

ちなみに「保険料納付額」は、保険料全額を会社と折半した自己負担分のみです。

# 2 あなたに、年金の受給資格はあるか？

「ねんきん定期便」のハガキのウラ面を開いたときに、最初に目につくのが真ん中の「1．これまでの保険料納付額（累計額）」の欄です。

「これまでに払った保険料」を、年金種別に計算して総額まで出しています。どの年金に何年加入していたのかを確認するには便利な情報ですが、公的年金は、おトクだから加入するわけではありませんので、この数値は、あまり意味がありません。

むしろ、この書類で一番の核心部分にあたるのが、その下の「2．これまでの年金加入期間」です。

国民年金の保険料を納めていた期間（a）、厚生年金や共済（公務員）に加入していた期間（b）、それらの配偶者の扶養配偶者と認められていた期間（a）、もうひとつ、あまり一般的ではありませんが船員向けの船員保険（※）に加入していた期間（c）の3つを足した期間がその右欄に記されています。

よくわからないのが、その右にある「合算対象期間等」欄（d）です。

## 「カラ期間」とは?

「合算対象期間」は「カラ期間」ともいわれ、将来の年金支給額には一切反映されないけれど、受給資格期間には含めることができる期間のこと。具体的には、かつて国民年金の加入が希望者だけ入ればいい任意の制度だった時代に、加入していなかった期間の月数です。

任意だった頃に加入して保険料を払っていないからといって、受給資格期間が足りないというのも酷な話ですよね。

かといって、保険料を払っていないのに払ったことにしてあげるのも不公平なので、受給資格を満たすための加入年数には加算しましょうという制度です。

「カラ期間」とも呼ばれていることからイメージできるように、「あと何年で受給資格獲得できるのに」というときに、ゲタをはかせてくれるわけです。

## 120月あればOK

さて、とりあえず第一関門となるのが、以上a~dまでの公的年金の加入期間をすべて足した「受給資格期間」です。

ここが120月(10年)以上あれば、あなたは原則、65歳から年金をもらえる資格をクリアしていることになります。

ほんの数年前までは、年金を受給するには300カ月(25年)以上必要でした。もしトータ

## 2019年度「ねんきん定期便」（50歳未満）ウラ

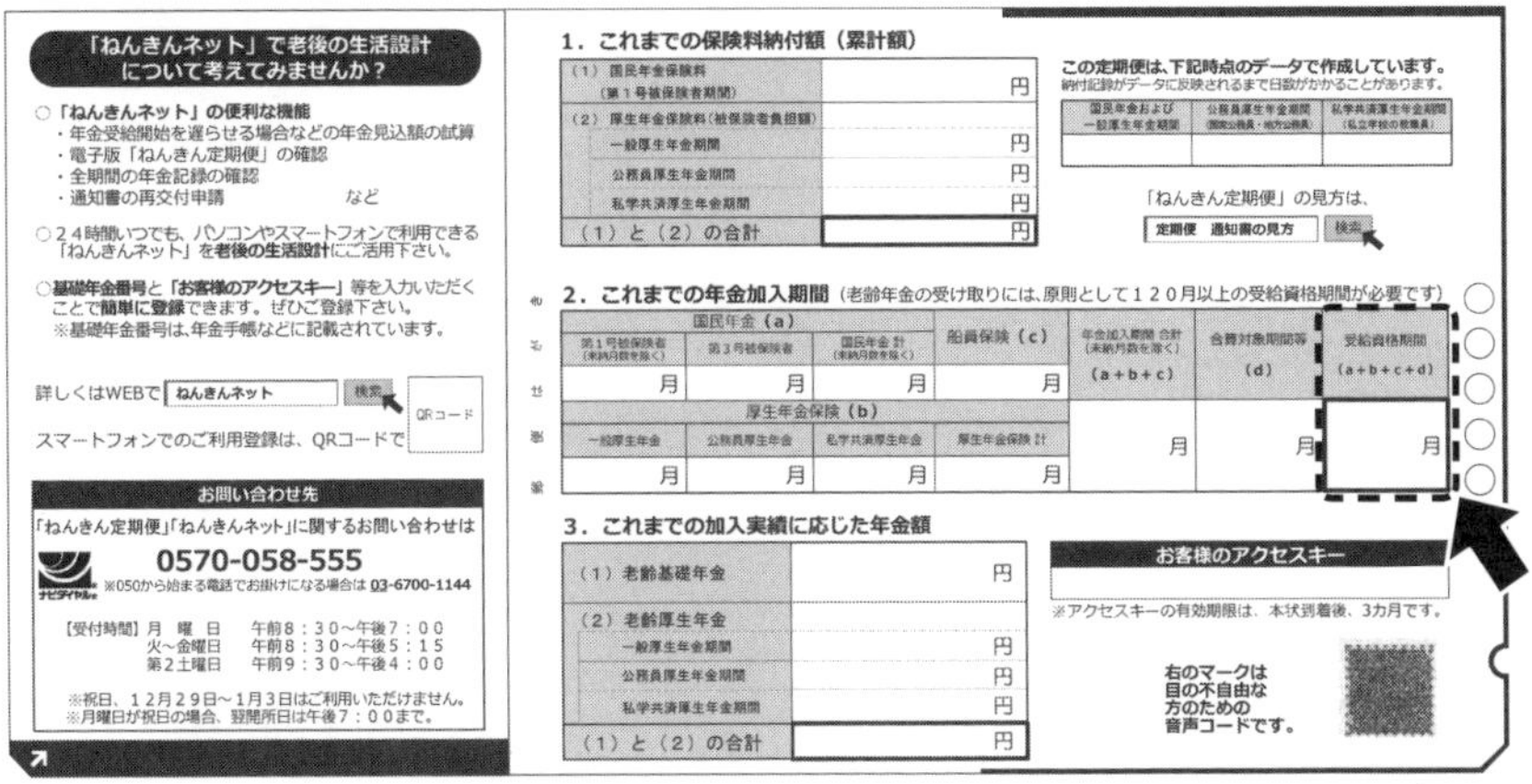
「ねんきんネット」で老後の生活設計について考えてみませんか？

○「ねんきんネット」の便利な機能
・年金受給開始を遅らせる場合などの年金見込額の試算
・電子版「ねんきん定期便」の確認
・全期間の年金記録の確認
・通知書の再交付申請　など

○２４時間いつでも、パソコンやスマートフォンで利用できる「ねんきんネット」を老後の生活設計にご活用下さい。

○基礎年金番号と「お客様のアクセスキー」等を入力いただくことで簡単に登録できます。ぜひご登録下さい。
※基礎年金番号は、年金手帳などに記載されています。

詳しくはWEBで　ねんきんネット　検索　QRコード
スマートフォンでのご利用登録は、QRコードで

お問い合わせ先
「ねんきん定期便」「ねんきんネット」に関するお問い合わせは
ナビダイヤル　0570-058-555
※050から始まる電話でお掛けになる場合は 03-6700-1144
【受付時間】月　曜　日　午前８：３０〜午後７：００
火〜金曜日　午前８：３０〜午後５：１５
第２土曜日　午前９：３０〜午後４：００
※祝日、１２月２９日〜１月３日はご利用いただけません。
※月曜日が祝日の場合、翌開所日は午後７：００まで。

１．これまでの保険料納付額（累計額）

| | |
|---|---|
| （１）国民年金保険料（第１号被保険者期間） | 円 |
| （２）厚生年金保険料（被保険者負担額） | |
| 一般厚生年金期間 | 円 |
| 公務員厚生年金期間 | 円 |
| 私学共済厚生年金期間 | 円 |
| （１）と（２）の合計 | 円 |

この定期便は、下記時点のデータで作成しています。
納付記録がデータに反映されるまで日数がかかることがあります。

| 国民年金および一般厚生年金期間 | 公務員厚生年金期間（国家公務員・地方公務員） | 私学共済厚生年金期間（私立学校の教職員） |
|---|---|---|
| | | |

「ねんきん定期便」の見方は、　定期便　通知書の見方　検索

２．これまでの年金加入期間（老齢年金の受け取りには、原則として１２０月以上の受給資格期間が必要です）

| 国民年金（a） | | | 船員保険（c） | 年金加入期間 合計（未納月数を除く）（a＋b＋c） | 合算対象期間等（d） | 受給資格期間（a＋b＋c＋d） |
|---|---|---|---|---|---|---|
| 第１号被保険者（未納月数を除く） | 第３号被保険者 | 国民年金 計（未納月数を除く） | | | | |
| 月 | 月 | 月 | 月 | | | |
| 厚生年金保険（b） | | | | | | |
| 一般厚生年金 | 公務員厚生年金 | 私学共済厚生年金 | 厚生年金保険 計 | | | |
| 月 | 月 | 月 | 月 | 月 | 月 | 月 |

３．これまでの加入実績に応じた年金額

| | |
|---|---|
| （１）老齢基礎年金 | 円 |
| （２）老齢厚生年金 | |
| 一般厚生年金期間 | 円 |
| 公務員厚生年金期間 | 円 |
| 私学共済厚生年金期間 | 円 |
| （１）と（２）の合計 | 円 |

お客様のアクセスキー
※アクセスキーの有効期限は、本状到着後、3カ月です。

右のマークは目の不自由な方のための音声コードです。

「ねんきん定期便」（50歳未満）をウラ面から開いたところ。「これまでの保険料納付額（累計額）」に目が行きがちだが、いちばん重要なのは加入期間を集計した「受給資格期間」。ここが120月以上となっていれば、すでに年金受給資格を満たしていることになり一安心。

ル299カ月で、300カ月に1カ月分でも足りないと、それまで掛け続けた保険料はすべてムダになって、年金は1円ももらえませんでした。それからすると、格段の進歩です。

まだ120月に足りない人でも、これから保険料を納め続けていってトータル10年になれば、その時点で年金がもらえるようになりますので、心配は無用です。

（※船員保険は、年金部門がすでに厚生年金に統合されており、現在も制度として残っているのは、医療保険に相当する部門等のみ）

# 3 あなたは、年金をいくらくらいもらえるか

「ねんきん定期便」で、いちばん興味深いのは、やはり将来もらえる年金額の予想を概算で出してくれるところではないでしょうか。

それが裏面の真ん中下にある「3．これまでの加入実績に応じた年金額」のところ。「老齢基礎年金」と「老齢厚生年金」に分かれて金額が表示されていますが、上の「老齢基礎年金」の部分が国民年金の受取予想額です。

加入年数に加えて、リタイアするまでの収入金額によっても大きく年金額が違ってくる厚生年金と違って、「老齢基礎年金」＝国民年金のほうは、単純に、加入年数によってのみ年金額が決まってきます。

国民年金の計算の仕方は、まず40年加入して満額もらえる78万円（毎年数百円単位で変動します）を1年あたりに換算します（78万円÷40年）。

すると、1年間キッチリ保険料を納めると、1万9500円ずつ年金が増えていき、40年で78万円になることがわかります。

10年間保険料を納めた人なら19万5０００円、20年納めた人なら39万円、30年納めた人なら58万5０００円になる計算です。

1年あたり2万円で概算した額から、5％くらい引いた額と覚えておくと便利です。

## 月給10万円あたり年7000円増

計算がややこしいのは、厚生年金のほうです。

計算式は、平均給与に一定の乗数を掛けた額に加入年数を掛けて出します。

平均給与は、２００３年3月まではボーナスを含めない平均月給（「平均標準報酬月額」と呼ぶ）、２００３年4月からはボーナスも含めた平均月収（「平均標準報酬額」と呼ぶ）をそれぞれ用います。

実際の年金としての受給額は、40年を超えて加入した人向けには「経過的加算」とか、幼い子供や妻など扶養家族がある人には「加給年金」なども足した額になりますが、とりあえず基本となる金額は平均給与を用いた計算式で出します。

ものすごくおおざっぱなめやすで許していただけるならば、平均給与10万円ごとに、２００３年3月までの分は1年あたり9０００円、２００３年4月からの分は、1年あたり7０００円ずつ、それぞれ増えていくような概算をされるといいかもしれません。

厚生年金に、２００３年3月まで10年加入、２００4年4月からは30年加入していたとすると、平均給与10万円あたり9万円＋21万円（7０００円×30年）イコール30万円。

どちらも平均給与10万円で計算していますので、平均給与20万円の人は、その2倍の60万円、平均給与30万円だった人は、その3倍の90万円となります。

これに、さきほど計算した国民年金を足した額が、将来もらえる年金のめやすになるわけです。

「ねんきん定期便」では、そういっためんどうな計算をしなくても、「老齢基礎年金」（国民年金）はいくら、「老齢厚生年金」はいくらという試算額を出してくれて、その合計額も記されています。

## ログインして確認できる

ウラ面の右下には「お客様のアクセスキー」という欄があります。

この17ケタの番号を「ねんきんネット」というサイトに、基礎年金番号や住所氏名など個人情報と一緒に入力すると、パソコンやスマートフォンで随時、自分の年金記録をみることができるようになります。

いまや、ありとあらゆる会員サービスが、インターネット上のマイページで便利に利用状況等を確認できるようになりました。それと似たようなサービスを国民年金の世界でも受けられるようになったのが「ねんきんネット」なのです。

アクセスキーがなくても、「ねんきんネット」に登録することはできます。その場合、登録後に郵送で送られてくるユーザーＩＤを待たないと利用できません。その点、アクセスキーを

## 「ねんきん定期便」記載例

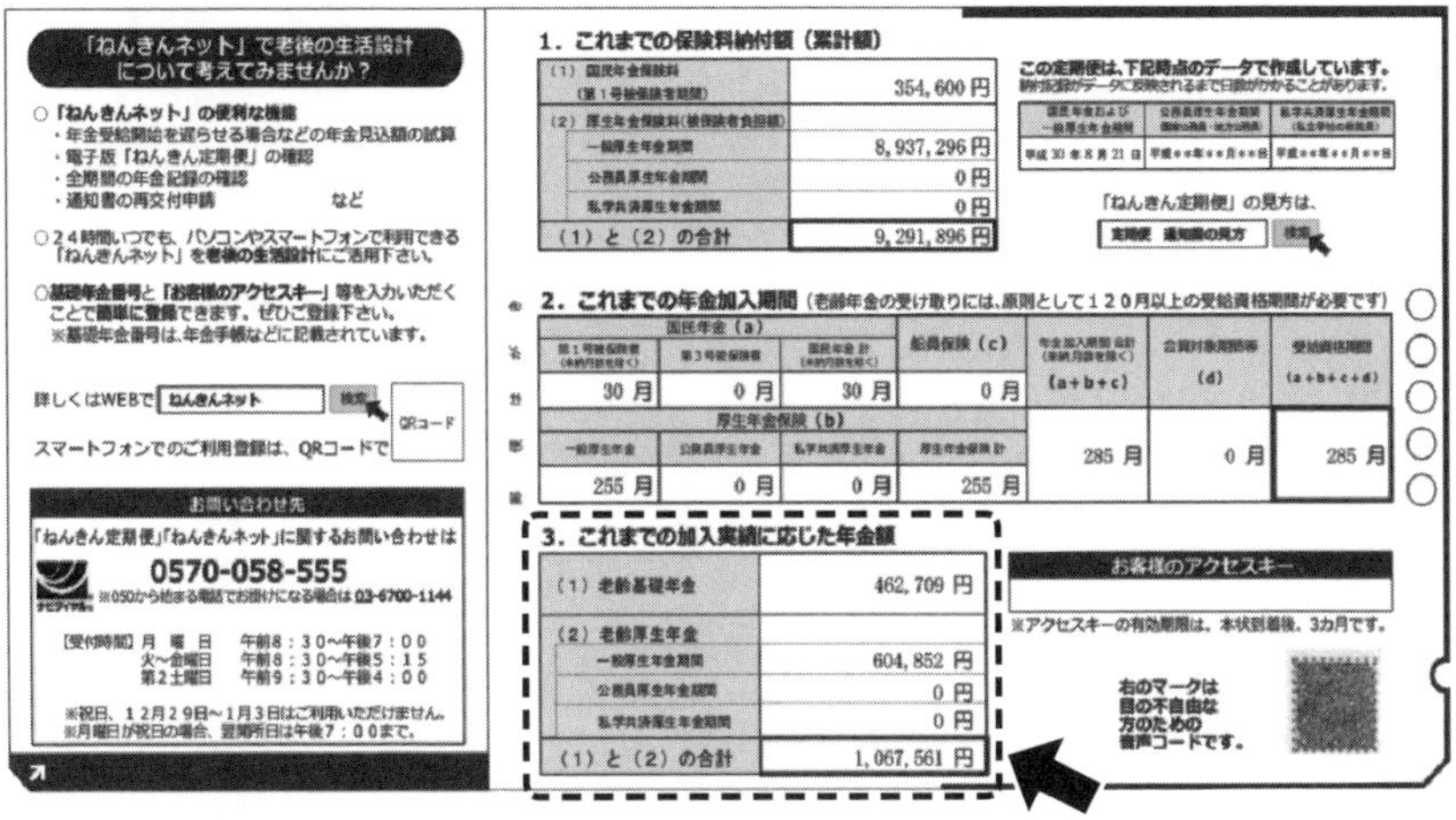
「ねんきんネット」で老後の生活設計について考えてみませんか？

○「ねんきんネット」の便利な機能
・年金受給開始を遅らせる場合などの年金見込額の試算
・電子版「ねんきん定期便」の確認
・全期間の年金記録の確認
・通知書の再交付申請　など

○24時間いつでも、パソコンやスマートフォンで利用できる「ねんきんネット」を老後の生活設計にご活用下さい。

○基礎年金番号と「お客様のアクセスキー」等を入力いただくことで簡単に登録できます。ぜひご登録下さい。
※基礎年金番号は、年金手帳などに記載されています。

詳しくはWEBで　ねんきんネット　検索　QRコード
スマートフォンでのご利用登録は、QRコードで

お問い合わせ先
「ねんきん定期便」「ねんきんネット」に関するお問い合わせは
0570-058-555
※050から始まる電話でお掛けになる場合は 03-6700-1144
【受付時間】月曜日　午前8：30～午後7：00
火～金曜日　午前8：30～午後5：15
第2土曜日　午前9：30～午後4：00
※祝日、12月29日～1月3日はご利用いただけません。
※月曜日が祝日の場合、翌開所日は午後7：00まで。

1．これまでの保険料納付額（累計額）

| | |
|---|---|
| （1）国民年金保険料（第1号被保険者期間） | 354,600円 |
| （2）厚生年金保険料（被保険者負担額） | |
| 一般厚生年金期間 | 8,937,296円 |
| 公務員厚生年金期間 | 0円 |
| 私学共済厚生年金期間 | 0円 |
| （1）と（2）の合計 | 9,291,896円 |

この定期便は、下記時点のデータで作成しています。

「ねんきん定期便」の見方は、　定期便 通知書の見方　検索

2．これまでの年金加入期間（老齢年金の受け取りには、原則として120月以上の受給資格期間が必要です）

| 国民年金（a） | | | 船員保険（c） | (a+b+c) | (d) | (a+b+c+d) |
|---|---|---|---|---|---|---|
| 30月 | 0月 | 30月 | 0月 | 285月 | 0月 | 285月 |
| 厚生年金保険（b） | | | | | | |
| 一般厚生年金 | 公務員厚生年金 | 私学共済厚生年金 | 厚生年金保険 計 | | | |
| 255月 | 0月 | 0月 | 255月 | | | |

3．これまでの加入実績に応じた年金額

| | |
|---|---|
| （1）老齢基礎年金 | 462,709円 |
| （2）老齢厚生年金 | |
| 一般厚生年金期間 | 604,852円 |
| 公務員厚生年金期間 | 0円 |
| 私学共済厚生年金期間 | 0円 |
| （1）と（2）の合計 | 1,067,561円 |

お客様のアクセスキー
※アクセスキーの有効期限は、本状到着後、3カ月です。

右のマークは目の不自由な方のための音声コードです。

「ねんきん定期便」ウラ面の真ん中下段には「これまでの加入実績に応じた年金額」欄があり、ここに試算時点での年金受取予想額が記されている。この数字は、今後の加入状況によって変わっていくので、毎年継続してチェックしておきたい。

使って登録すると、登録したメールアドレスにすぐユーザーIDが送られてくるので、何日も待たなくても、登録後すぐに利用できます。

ただし「ねんきん定期便」に記載されたアクセスキーの有効期限は、到着後3カ月となっているので、利用したい人は、なるべく早く登録手続きをしておきましょう。

# 4

# 50歳以上になると、なにが変わる？

「ねんきん定期便」の書式は、50歳未満バージョンと50歳以上バージョンの2通りに分かれているのもポイントです。

50歳未満の人には、通知時点で確定している年金額が表示されています。それに対して50歳以上の人には、これまでと同じ条件で年金保険料を納め続けた場合に、何歳から、どの公的年金がいくらもらえるかの予想まで詳しく記載されています。

左ページ下の図をみてください。

「3．老齢年金の種類と見込額（年額）」をみると、「歳～」の欄が横に4列並んでいます。年齢によって、もらえる年金額が段階的に増えていく構造になっているわけです。そういうと「えっ、年金って、みんな65歳から支給じゃあないの？」と戸惑われるかもしれません。

これは、2015年に一元化されるまでの共済（公務員・私立学校職員）と厚生年金は、もともと65歳よりも前からもらえる制度だったため、支給年齢が段階的に変わっていく措置が取られているからです。

## 2019年度「ねんきん定期便」(50歳以上) オモテ

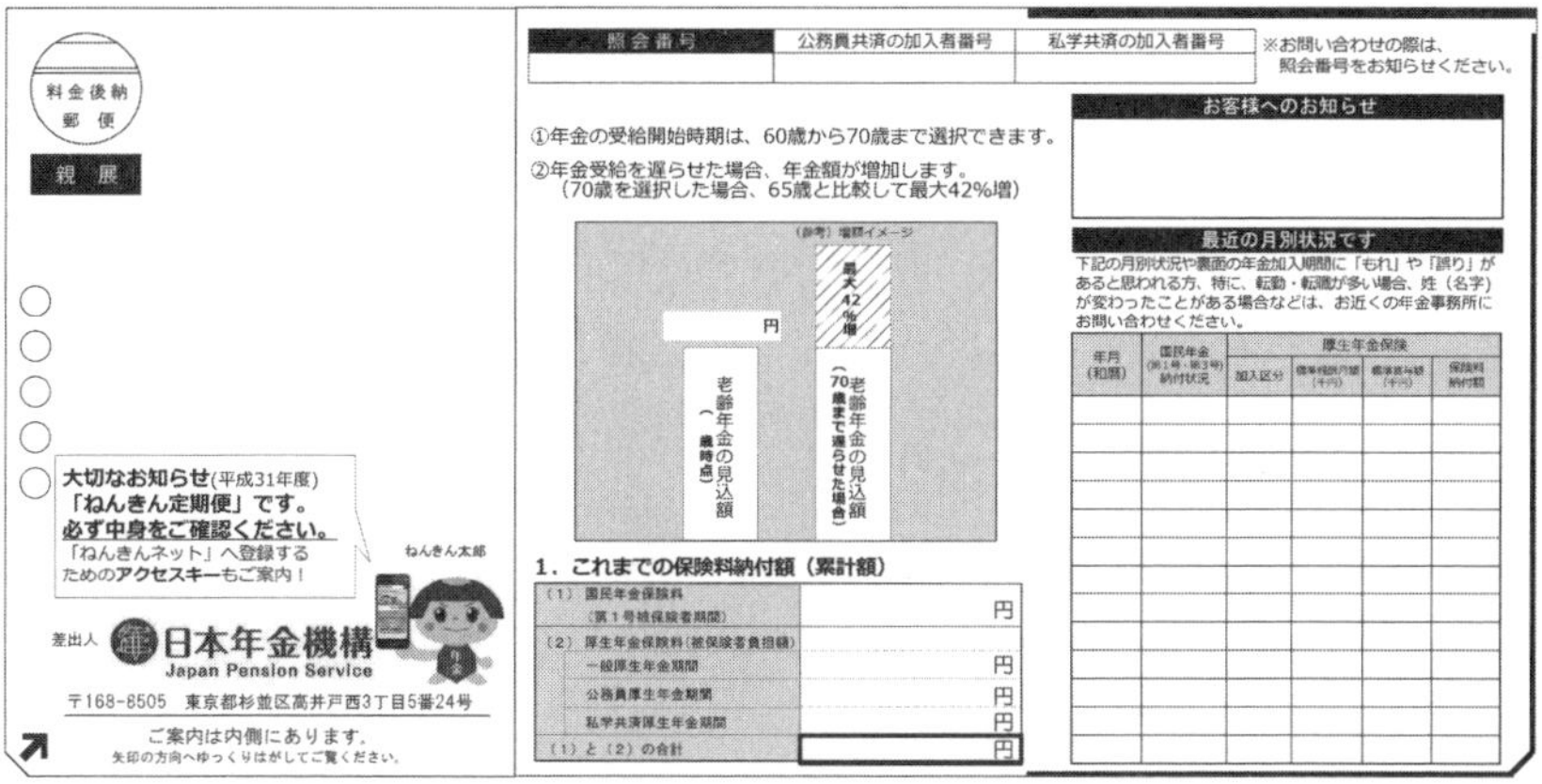


「ねんきん定期便」50歳以上バージョンのオモテ面。冒頭の受給開始時期の棒グラフには、50歳未満のバージョンのように前年と今年の推移がなく簡略化されているだけで、ほかは同じ。

## 2019年度「ねんきん定期便」(50歳以上) ウラ

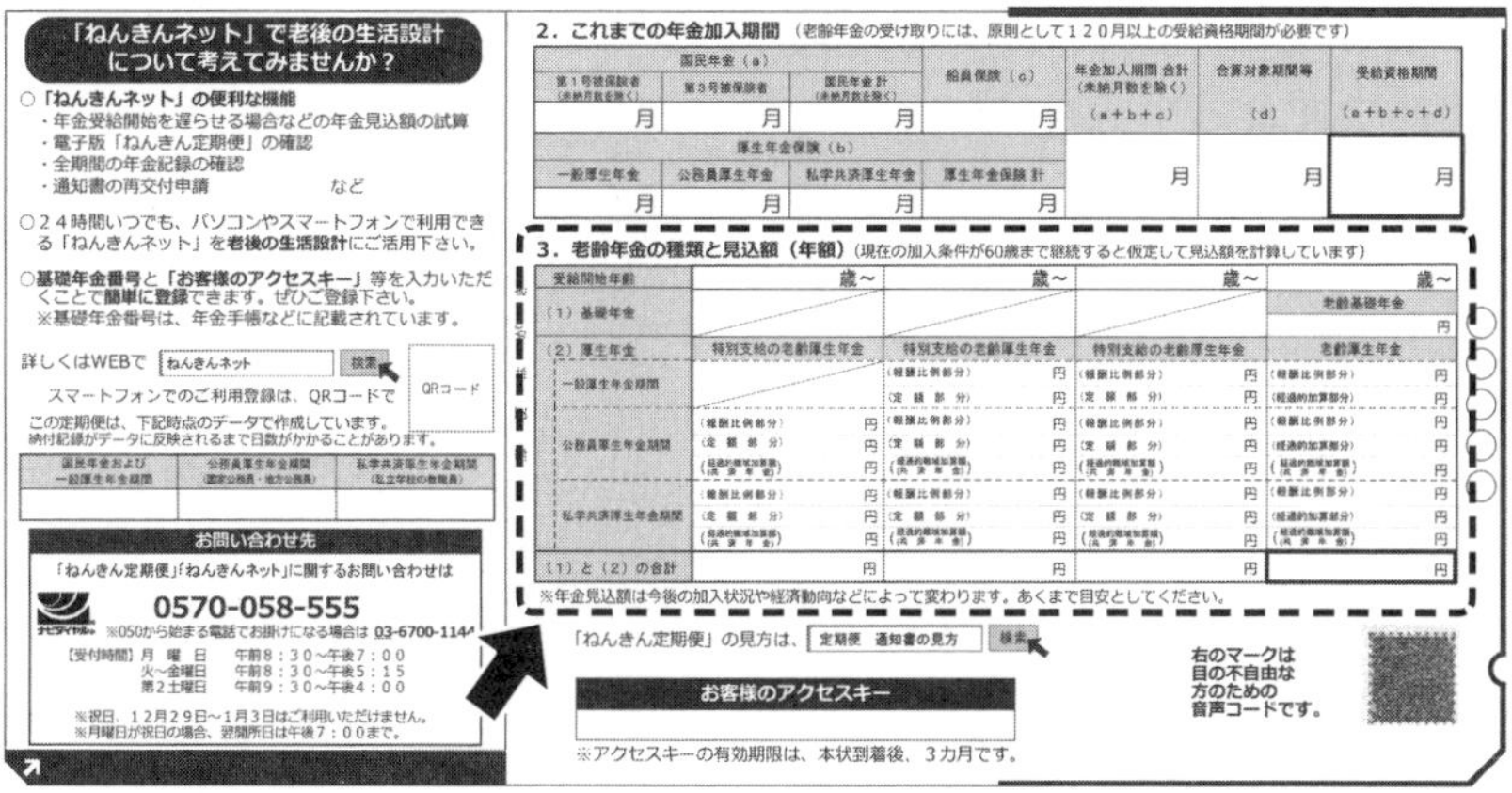


「ねんきん定期便」50歳以上バージョンのウラ面。「3. 老齢年金の種類と見込額（年額）」欄に、4段階の年齢別に、何歳からいくらもらえるかの予想額が細かく記載されている。

なので、生年月日によっては、65歳から本体の基礎年金（国民年金部分）が支給されるよりも先に、一部分だけ支給されるようになっています。

この65歳よりも前に支給される厚生年金を「特別支給の老齢厚生年金」と呼んでいます。

当然、加入年金の種別によって、もらえる年金額も違ってきます。厚生年金の場合は、報酬比例部分のみ65歳になる前から一部支給され、旧・共済部分は、それに加えて「職域加算」と呼ばれるプラスアルファ部分があります。

こちらも、受給開始年齢が異なっているため、たとえば2020年に60歳になる女性の場合、62歳から厚生年金の報酬比例部分、64歳から共済の報酬比例部分、65歳からそれぞれの定額部分が加わって満額の受給開始となります。

そうした年齢別の支給額が、この欄にまとめて記載されているのです。

ちなみに、男性は1961（昭和36）年4月2日以降に生まれた人、女性は1966（昭和41）年4月2日以降に生まれた人は、厚生年金も例外なく65歳支給開始になります。

# 5 35歳以降、節目の年齢に送られてくる封書版・ねんきん定期便

毎年1回ハガキでくる「ねんきん定期便」とは別に、節目の年齢には、大きい封書の「ねんきん定期便」が届きます。

「節目年齢」に設定されているのは、35歳、45歳に加えて、60歳を目前にした59歳の3回です。

最初の35歳は、まだ年金なんかかなり先のことで、あまりピンとこないかもしれません。漠然と将来への不安が頭をもたげてきがちな45歳は、じっくり年金について考えるちょうどいい機会かもしれません。

そして年金受給開始を数年後に控えた59歳は、真剣に自分の年金について調べたくなるものです。

ただし、封書版も記載されている中身の基本的な書式は、ハガキとほぼ同じ。封書版がハガキと異なるのは、第一に、A４用紙に印刷されているため文字が大きくてみやすいことと、説明が詳しいことです。

説明内容はともかく、文字が大きい点は、45歳と59歳のときには、よりありがたみを感じるはずです。

## 消えていないか？　年金記録

ひとつだけ封書版とハガキでは、決定的な違いがあります。それは、ハガキにはない全加入期間についての「1．勤務先別の加入履歴」「2．月別状況（標準報酬月額や標準賞与額等）」「3．保険料納付状況（免除等含む）」まで記載されている点です。

これらを詳しくチェックすることで、自分の年金記録に間違いや漏れがないかを確認できるようになっているわけです。

特に注意したいのが、どの年金にも加入していない空白期間。

「あれっ、その頃は確か何月まで○○に勤めていたはずだけどなぁ……」と思い出すこともあるかもしれません。

もし、自分の記憶とは違っていたら、同封されている「年金加入記録　回答票」に必要事項を記入して調べてもらいましょう。加入していたはずなのに記載漏れがありそうな期間について、当時の勤務先などを記入しておけばＯＫ。

どう書いていいのかわからなかったら、とりあえず、「ねんきん定期便」問い合わせ先として明記されている電話番号に電話して相談するのが先決です。電話で書き方を教わって回答票を送れば、詳しく調べてくれます。

## 持ち主不明の年金記録が2000万件！

まさか、公的年金の記録が間違っているなんてことはありえない、と思われるかもしれません。

しかし、2007年、持ち主不明の年金記録5095万件がみつかった「消えた年金」事件は、10年以上たったいまでも、完全には解決していません。

転職した際に、基礎年金番号が正しく引き継がれなかったり、結婚して姓が変わったり、名前や生年月日に入力ミスがあったり、勤め人から公務員や自営業へ変わったり、あるいはその逆のパターンで別の年金制度に変わった際にデータが引き継がれなかったり……など、さまざまな原因で、過去の年金加入歴が消えていることは十分にありえる話です。

当の日本年金機構でも、いまだ「2000万件の持ち主が確認できていない記録が残っている」と公式に認めています。

そのなかに、あなたの記録があったとしても、なんら不思議ではありません。

給与明細などの証拠があればいちばんいいのですが、それがなくても記憶を頼りに、いつ頃になんという会社に勤務していて、そこを入社して退社するまでにどのくらいの期間が記載漏れになっているかを回答票に記入して調べてもらうべきです。

持ち主不明のデータのなかに、そうした紛失データがあっさりみつかることもありえるのですから。記録がみつかれば、もちろん将来の年金額は増えます。

## これまでの『年金加入履歴』

表示している『年金加入履歴』に「もれ」や「誤り」がないかご確認ください。
（このページの見方は、見方ガイドの６～７ページをご覧ください。）

| ①番号 | ②加入制度 | ③お勤め先の名称等 | ④資格を取得した年月日 | ⑤資格を失った年月日 | ⑥加入月数 |
|---|---|---|---|---|---|
| | | | | | |

勤務先ごとに、加入していた年金制度、資格取得日（入社日）、資格喪失日（退社日の翌日）、加入月数が明記され、下の段で、それらの制度別に加入月数をトータルした月数が記載されている。国民年金は、免除種別ごとにそれと認められた月数が記載されている。

| ⑦国民年金（a） | | | | | | | | | | | ⑧船員保険（c） | |
|---|---|---|---|---|---|---|---|---|---|---|---|---|
| 納付済月数 | 全額免除月数 | 半額免除月数 | 4分の3免除月数 | 4分の1免除月数 | 学特等月数（うち猶予） | 産前産後免除月数 | 第3号月数 | 納付済等月数 計 | 付加保険料納付済月数（再掲） | 未納月数（※） | 加入月数 | 加入期間 |
| | | | | | （　） | | | | （　） | | | |

| ⑨厚生年金保険（b） | | | | | | | | ⑩年金加入期間合計（未納月数を除く） | ⑪合算対象期間等 | ⑫受給資格期間 |
|---|---|---|---|---|---|---|---|---|---|---|
| 一般厚生年金(厚年) | | 公務員厚生年金(公共) | | 私学共済厚生年金(私学) | | 厚生年金保険 計 | | | | |
| 加入月数（基金） | 加入期間（基金） | 加入月数（経過的職域） | 加入期間（経過的職域） | 加入月数（経過的職域） | 加入期間（経過的職域） | 加入月数（基金）（経過的職域） | 加入期間（基金）（経過的職域） | （a＋b＋c） | （d） | （a+b+c+d） |
| （　） | （　） | （　） | （　） | （　） | （　） | （　）<br>（　） | （　）<br>（　） | | | |

※納付記録がデータに反映されるまで日数がかかる場合があります。

B－3　／

2016**************Z

## これまでの厚生年金保険における標準報酬月額などの月別状況

表示している金額が当時の報酬と大幅に相違していないかご確認ください。
（このページの見方は、見方ガイドの８～９ページをご覧ください。）

| 年度 | 種別 | 標準報酬月額と保険料納付額の月別状況 | | | | | | | | | | | |
|---|---|---|---|---|---|---|---|---|---|---|---|---|---|
| | | 4月 | 5月 | 6月 | 7月 | 8月 | 9月 | 10月 | 11月 | 12月 | 1月 | 2月 | 3月 |
| | 標準報酬月額<br>標準賞与額<br>保険料納付額 | | | | | | | | | | | | |
| | 標準報酬月額<br>標準賞与額<br>保険料納付額 | | | | | | | | | | | | |
| | 標準報酬月額<br>標準賞与額<br>保険料納付額 | | | | | | | | | | | | |
| | 標準報酬月額<br>標準賞与額<br>保険料納付額 | | | | | | | | | | | | |
| | 標準報酬月額<br>標準賞与額<br>保険料納付額 | | | | | | | | | | | | |

※ブランク（空白）となっている月は、厚生年金保険に加入していないことを示します。なお、国民年金に加入している月の場合も、同様にブランクで示されますので、B－3の『年金加入履歴』とあわせてご確認ください。

厚生年金・共済に加入していた期間について、年度・月別に、標準報酬月額、標準賞与額、保険料納付額が記載されている。年度欄の下段には、加入制度（「厚年」のほか、共済は「公共」「私学」に区分）をカッコ書きで表示。

B－4厚　／

2016**************Z

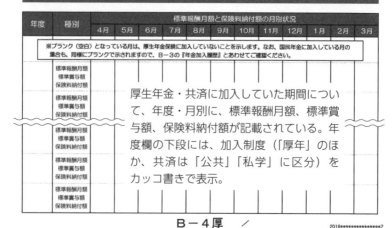

**これまでの国民年金保険料の納付状況**
**表示している納付状況に「誤り」がないかご確認ください。**
**（このページの見方は、見方ガイドの１０～１１ページをご覧ください。）**

| 年度 | 納付済月数等の内訳 | | | | ⑤未納 | ⑥合算対象期間等 | 月別納付状況 | | | | | | | | | | | |
|---|---|---|---|---|---|---|---|---|---|---|---|---|---|---|---|---|---|---|
| | ①納付 | ②免除 | ③学生納付特例等 | ④計 | | | 4月 | 5月 | 6月 | 7月 | 8月 | 9月 | 10月 | 11月 | 12月 | 1月 | 2月 | 3月 |

※昭和５１年以前の国民年金保険料の納付状況の一部については、年度単位で管理しているものがあり、各月毎の納付状況が確認できない場合があります。その場合の月別納付状況欄は「＊＊＊」が表示されます。

国民年金に加入していた期間について、年度別に、納付または認められた免除の種別、月別の納付状況が詳細に記載されている。月別納付状況には、納付済のほか、未納、3号、全免（全額免除）、半免（半額免除）などの状況まで明記されている。

Ｂ－４国　／

2016***************Z

「年金加入記録 回答票」の記入例

加入履歴の記載内容に記憶と異なる点があったときは、「年金記録回答票」に詳細を記入して調査を依頼する。

# 6 「ねんきん定期便」に記載されていない加給年金とは？

厚生労働省が毎年発表する年金受給のモデルケースとして出してくる「夫婦2人で月21万何千円」は、いまの時代、あまり参考にはならなくなりつつあります。

なぜならば、前提条件が夫が20歳から40年間厚生年金に加入し、妻は結婚前に数年間だけ勤務した後、専業主婦になった――という昭和の時代に「標準」とされてきたモデルケースだからです。

いまのように、夫も妻も当たり前のように転職をし、ときには失業をしたり、非正規雇用として年金未加入だったり、年金未納のまま過ごしたりといった、当たり前にある出来事が一切考慮に入れられていません。

みなさんが関心があるのは、一般論ではなく「うちは将来、いくらもらえるのか」ではないでしょうか。その意味からすれば、50歳以上向けの「ねんきん定期便」で受取予想額を出してくれるのは、年金について知るためのまたとない機会なのですが、明確に予想受取額が出てこないケースもあるので注意が必要です。

## 大黒柱の退職後

「ねんきん定期便」で試算されていない代表例が加給年金です。

ここからは、昭和の時代の常識をもとにした年金制度において、夫と専業主婦の妻という世帯単位で説明します。以下は、夫と妻を逆にして考えていただいても構いません。

夫が65歳から厚生年金を満額もらい始めて、年下の妻がいる場合は、大黒柱は退職してしまうのに、妻はまだ年金をもらえないので生活が苦しくなることが予想されます。また、18歳未満の子供がいる場合も、お父さんが年金生活者になると、高校に通うのも厳しくなるかもしれません。

## 年金の扶養手当

そこで、年下の妻が年金を満額もらえるまで、あるいは子供が18歳になるまでは、夫の年金額に少し色をつけてあげましょうというのが加給年金の基本的な考え方です。

支給額は、特別加算額も入れて総額約39万円。子供がいる場合、子供ひとり当たり22・45万円がそれに上乗せされます。3歳年下の奥さんがいる人は、65歳以降3年間自分の年金に39万円プラスして支給されますし、65歳時点で子供がまだ15歳の人であれば、18歳になるまでの3年間22・45万円が加算されるのですから、バカにできません。

ただし、加給年金が支給されるのは、夫（妻）が厚生年金に20年以上加入していて、なおか

## 加給年金のしくみ

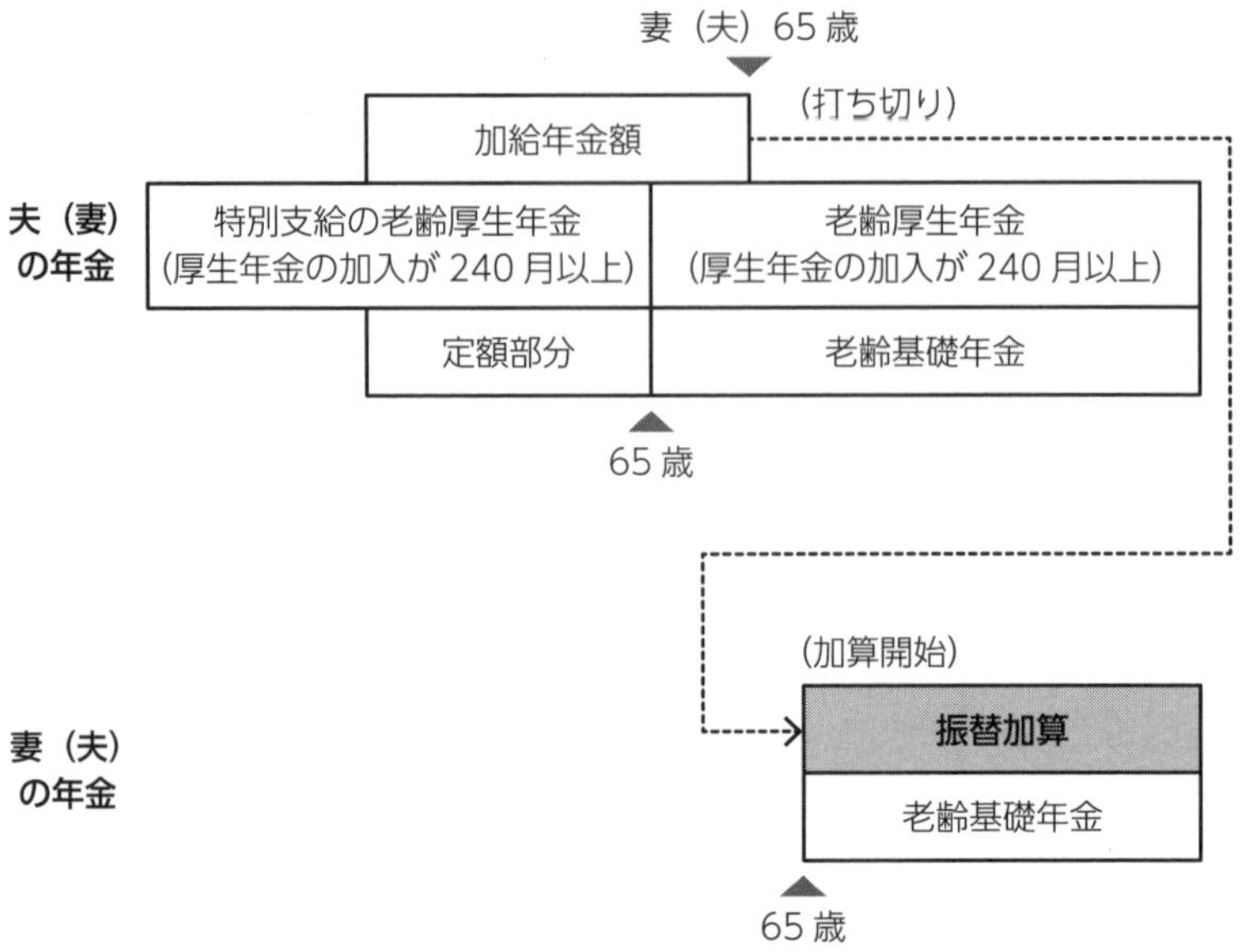


年下の妻（厚生年金加入20年未満）がいる、20年以上厚生年金加入の夫が65歳になったとき、妻が老齢基礎年金をもらえる65歳まで支給される年金版の「配偶者手当」のようなもの。

つ妻（夫）は厚生年金に20年未満しか加入していない場合に限ります。一人前に厚生年金をもらえる妻がいる夫には加給されません。

また、国民年金だけに加入してきた人は、最初からこの加給年金は、対象外なのも覚えておいてください。

なお、年下の妻が65歳になると、加給年金の支給は終わりますが、生年月日によっては、年金をもらいはじめた妻に「振替加算」（年額1万5000円～5万6000円）というオマケがつく場合があります。

## 加給年金は、いくらもらえる？

| 対象者 | 加給年金額 | 年齢制限 |
|---|---|---|
| 配偶者 | 224,500円 | 65歳未満であること |
| 1人目・<br>2人目の子 | 各224,500円 | 18歳到達年度の末日までの間の子<br>または1級・2級の障害の状態にある20歳未満の子 |
| 3人目以降の子 | 各74,800円 | 18歳到達年度の末日までの間の子<br>または1級・2級の障害の状態にある20歳未満の子 |

■配偶者加給年金額の特別加算額

| 受給権者の生年月日 | 特別加算額 | 加給年金額の合計額 |
|---|---|---|
| 1934年4月2日～1940年4月1日 | 33,200円 | 257,700円 |
| 1940年4月2日～1941年4月1日 | 66,200円 | 290,700円 |
| 1941年4月2日～1942年4月1日 | 99,400円 | 323,900円 |
| 1942年4月2日～1943年4月1日 | 132,500円 | 357,000円 |
| 1943年4月2日以後 | 165,600円 | 390,100円 |

## 振替加算の額

| 配偶者の生年月日 | 政令で定める率 | 年額（円） | 月額（円） |
|---|---|---|---|
| 1954年4月2日<br>～1955年4月1日 | 0.253 | 56,799 | 4,733 |
| 1955年4月2日<br>～1956年4月1日 | 0.227 | 50,962 | 4,246 |
| 1965年4月2日<br>～1966年4月1日 | 0.067 | 15,042 | 1,253 |
| 1966年4月2日～ | | — | — |

## ねんきん定期便（ハガキ）の見方（50歳未満）

ⓐ

| 照会番号 | 公務員共済の加入者番号 | 私学共済の加入者番号 |
|---|---|---|
| | | |

※お問い合わせの際は、照会番号をお伝えください。

①保険料を納付していただいた方は、「これまでの加入実績に応じた年金額」が昨年よりも増額しています。

②今後も、保険料を納付していただくことで、更に年金額が増加します。

③年金の受給開始時期は、60歳から70歳まで選択できます。
※年金受給を遅らせた場合、年金額が増加します。
（70歳を選択した場合、65歳と比較して最大42%増）

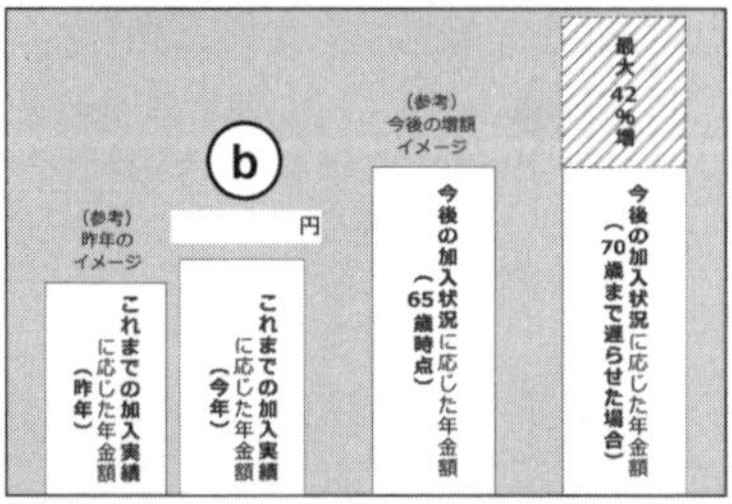


ⓒ

**お客様へのお知らせ**

**最近の月別状況です**

下記の月別状況や裏面の年金加入期間に「もれ」や「誤り」があると思われる方、特に、転勤・転職が多い場合、姓（名字）が変わったことがある場合などは、お近くの年金事務所にお問い合わせください。

ⓓ ⓔ ⓕ

| 年月（和暦） | 国民年金（第1号・第3号）納付状況 | 厚生年金保険 加入区分 | 標準報酬月額（千円） | 標準賞与額（千円） | 保険料納付額 |
|---|---|---|---|---|---|
| | | | | | |

ⓖ **1．これまでの保険料納付額（累計額）**

| | |
|---|---|
| （1）国民年金保険料（第1号被保険者期間） | 円 |
| （2）厚生年金保険料（被保険者負担額） | |
| 一般厚生年金期間 | 円 |
| 公務員厚生年金期間 | 円 |
| 私学共済厚生年金期間 | 円 |
| （1）と（2）の合計 | 円 |

**この定期便は、下記時点のデータで作成しています。**
納付記録がデータに反映されるまで日数がかかることがあります。

| 国民年金および一般厚生年金期間 | 公務員厚生年金期間（国家公務員・地方公務員） | 私学共済厚生年金期間（私立学校の教職員） |
|---|---|---|
| | | |

「ねんきん定期便」の見方は、
定期便　通知書の見方　検索

ⓗ **2．これまでの年金加入期間**（老齢年金の受け取りには、原則として１２０月以上の受給資格期間が必要です）

| 国民年金（a） 第1号被保険者（未納月数を除く） | 第3号被保険者 | 国民年金 計（未納月数を除く） | 船員保険（c） | 年金加入期間 合計（未納月数を除く）（a＋b＋c） | 合算対象期間等（d） | 受給資格期間（a＋b＋c＋d） |
|---|---|---|---|---|---|---|
| 月 | 月 | 月 | 月 | | | |
| **厚生年金保険（b）** 一般厚生年金 | 公務員厚生年金 | 私学共済厚生年金 | 厚生年金保険 計 | | | |
| 月 | 月 | 月 | 月 | 月 | 月 | 月 |

ⓘ **3．これまでの加入実績に応じた年金額**

| | |
|---|---|
| （1）老齢基礎年金 | 円 |
| （2）老齢厚生年金 | |
| 一般厚生年金期間 | 円 |
| 公務員厚生年金期間 | 円 |
| 私学共済厚生年金期間 | 円 |
| （1）と（2）の合計 | 円 |

ⓙ **お客様のアクセスキー**

※アクセスキーの有効期限は、本状到着後、3カ月です。

右のマークは目の不自由な方のための音声コードです。ⓚ

**ⓐ 照会番号**

◆「ねんきん定期便」「ねんきんネット」専用番号に照会する際に使用する問い合わせ番号を表示。
◆共済記録をお持ちの方は、加入者番号を表示。

**ⓑ これまでの加入実績に応じた年金額**

「ねんきん定期便」の作成時点の年金加入実績に応じて計算した年金額（年額）を表示。
※ⓘ「3. これまでの加入実績に応じた年金額」の「(1) と (2) の合計」と同じ金額を表示。

**ⓒ お客様へのお知らせ**

加入者の状況に応じた年金に関する情報を個別に表示。

**ⓓ 国民年金（第1号・第3号）納付状況**

以下の内容が表示されている。

| 表示 | 説　明 |
|---|---|
| 納付済 | 国民年金保険料を納めている月の表示（国民年金保険料が免除や猶予された後に追納した場合も含む） |
| 未納 | 国民年金保険料を納めていない月の表示（または「ねんきん定期便」の作成時点で納付が確認できない月） |
| 確認中 | 「ねんきん定期便」の作成時点で納付状況が未確定の月の表示（表示している最終年度の最終月のみ表示） |
| 3号 | 国民年金の第3号被保険者として登録されている月の表示 |
| 全額免除 | 国民年金保険料の納付が全額免除されている月の表示 |
| 半額免除 | 国民年金保険料の納付が半額免除されていて、免除後の残りの保険料を納めている月の表示 |
| 半額未納 | 国民年金保険料の納付が半額免除されていて、免除後の残りの保険料を納めていない月の表示（未納期間） |
| 3／4免除 | 国民年金保険料の納付が3／4免除されていて、残りの1／4の保険料を納めている月の表示 |
| 3／4未納 | 国民年金保険料の納付が3／4免除されていて、残りの1／4の保険料を納めていない月の表示（未納期間） |
| 1／4免除 | 国民年金保険料の納付が1／4免除されていて、残りの3／4の保険料を納めている月の表示 |
| 1／4未納 | 国民年金保険料の納付が1／4免除されていて、残りの3／4の保険料を納めていない月の表示（未納期間） |

| | |
|---|---|
| **学特** | 学生納付特例制度の適用を受けている月の表示 |
| **猶予** | 納付猶予制度の適用を受けている月の表示 |
| **産前産後** | 国民年金保険料の納付が産前産後期間により免除されている月の表示 |
| **付加** | 付加保険料を納めている月の表示 |
| **合算** | 国民年金の任意加入期間のうち保険料を納めていない月の表示。参考情報であり、年金を請求するときに書類による確認が必要 |
| **未加入** | 20歳以上60歳未満の期間のうち、どの年金制度にも加入していなかった月の表示 |

※納付期限内に国民年金保険料を納めた場合であっても（口座振替も同様）、情報が反映されるまでに最大3週間程度かかることがある。

**ⓔ 加入区分**

◆加入区分は加入制度をカッコ書きで表示
　(厚年)：厚生年金保険、(基金)：厚生年金基金、(船保)：船員保険、
　(公共)：公務員共済制度（国家公務員共済組合または地方公務員共済組合)、
　(私学)：私立学校教職員共済制度

**ⓕ 標準報酬月額・標準賞与額・保険料納付額**

標準報酬月額と標準賞与額は、各実施機関が管理している年金記録であり、加入者が厚生年金保険または船員保険に加入していた期間に、勤め先の会社などの事業主からの届出に基づき決定されたもの。

以下、民間の会社に勤めている場合を例に、標準報酬月額と標準賞与額について説明する。

**◆「標準報酬月額（千円)」欄**

- 標準報酬月額とは、毎月の報酬から納める保険料の額や、受け取る年金額を決定する時に、その計算の基にするための金額。給与などの平均を区切りのよい一定の幅で区分した金額に当てはめたもの。
- 標準報酬月額には上限と下限があり、現在の標準報酬月額の区分では、厚生年金保険の上限（最高額）は62万円、下限（最低額）は8万8千円。上限を超える、または下限を下回る報酬が支払われていた場合は、上限または下限で決定している。

**◆「標準賞与額（千円)」欄**

- 標準賞与額とは、賞与から納める保険料の額や受け取る年金額を決定する時に、その計算の基とするための金額であり、実際に支払われた賞与の額の千円未満の端数を切り捨てた額となる。
- 標準賞与額の上限（最高額）は1回150万円となっており、実際の賞与の額が上限を超えて支払われていたとしても、標準賞与額は150万円で決定している。
- 平成15年4月から、賞与からも毎月の報酬から納める保険料と同率で計算した保険料を納め、年金額の計算の基とすることになっている。

◆「保険料納付額」欄

厚生年金保険料は、各被保険者の標準報酬月額および標準賞与額に、その当時の保険料率を乗じて計算し、事業主と被保険者で折半して納めることになっている。被保険者負担額は、一般的には事業主が報酬または賞与から控除し、事業主がまとめて納める。

※折半する際の1円未満の端数の取扱いは、勤め先の会社などによって異なるため、この「ねんきん定期便」では、50銭以下の端数は切り捨て、50銭を超える端数は切り上げて計算している。

ⓖ 1．これまでの保険料納付額（累計額）

◆「国民年金保険料（第1号被保険者期間）」欄

下記の条件で、加入当時の保険料額を基にしている。
- 付加保険料納付済期間は、付加保険料額を含めている。
- 国民年金保険料の前納期間は、割引後の保険料額を基にしている。
- 国民年金保険料の追納期間は、加算額を含めた保険料額を基にしている。
- 国民年金保険料の一部免除（1／4免除、1／2免除および3／4免除）期間は、免除後の残余の保険料額を基にしている。

◆「厚生年金保険料（被保険者負担額）」欄
- 加入当時の報酬（標準報酬月額・標準賞与額）に、加入当時の保険料率（掛金率）を乗じた被保険者負担額のみを表示している。

※厚生年金保険料は、各被保険者の標準報酬月額・標準賞与額に保険料率を乗じて計算し、事業主と被保険者が折半して納める。被保険者負担額は、一般的には事業主が報酬または賞与から控除し、事業主がまとめて納める。

※折半する際の1円未満の端数の取扱いは、勤め先の会社などによって異なるため、この「ねんきん定期便」では、50銭以下の端数は切り捨て、50銭を超える端数は切り上げている。

ⓗ 2．これまでの年金加入期間

◆「国民年金 第1号被保険者」欄
- 保険料を納めている期間および保険料が免除された期間の月数を表示している。
- 保険料を前納している期間は、この「ねんきん定期便」の作成年月日以降の期間であっても、納付済月数に含めて表示している。

◆「国民年金 第3号被保険者」欄
- 第3号被保険者の期間として登録されている月数を表示している。

◆「合算対象期間等」欄
- 「合算対象期間」の合計月数を表示している。年金額には反映されないが、受給資格期間に算入される。
- 「合算対象期間」となる期間は複数あるが、この「ねんきん定期便」では、以下の合算対象期間の月数を表示している。

**任意加入未納月数**

- 国民年金に任意加入している期間のうち、保険料を納めていない期間の月数。

**特定期間月数**

- 国民年金の切替の届出（3号から1号）が遅れたことにより、時効によって保険料を納めることができなくなった期間のうち、「特定期間該当届」を提出している期間の月数（昭和61年4月から平成25年6月までの期間に限る）。

### ⓘ 3. これまでの加入実績に応じた年金額

老齢年金の受け取りには、原則として120月以上の受給資格期間が必要。これまでの加入実績に応じた年金額（年額）を表示している。

#### ◆（1）老齢基礎年金

これまでの加入実績に応じた老齢基礎年金額は、下記の期間の月数を基に計算している。

- 国民年金の第1号被保険者期間（未納月数を除く）および第3号被保険者期間
- 厚生年金保険・船員保険の被保険者期間

これまでの加入実績に応じた老齢基礎年金額には、付加年金の金額も含まれている。

#### ◆（2）老齢厚生年金

被用者年金制度の一元化により、公務員および私立学校の教職員の保険料や保険給付（共済年金）の計算方法などは、原則として厚生年金保険に統一された。年金加入記録の管理や保険料の徴収、保険給付（共済年金）の決定や支給などの事務は、引き続き各実施機関が行なう。このため、一般厚生年金期間、公務員厚生年金期間および私学共済厚生年金期間ごとに計算した年金額を表示している。

これまでの加入実績に応じた老齢厚生年金額は、下記のとおり計算している。

**各欄共通**

離婚などにより、厚生年金保険の標準報酬の分割対象となった方は、分割後の標準報酬を基に計算している。

**「一般厚生年金期間」欄**

厚生年金基金に加入している期間は、通常の厚生年金保険の加入期間とみなして計算している。

※厚生年金基金から支給される額（厚生年金基金の代行部分）を含めて計算している。

**「公務員厚生年金期間」欄**

- 国家公務員共済組合の加入期間と地方公務員共済組合の加入期間がある方は、それぞれの加入期間を合算して計算している。
- 平成27年9月までの加入実績に応じて計算した経過的職域加算額（共済年金）が含まれている。

※経過的職域加算額（共済年金）は、被用者年金制度の一元化により改正される前の国家公務員共済組合法および地方公務員等共済組合法に基づき支給される。

**「私学共済厚生年金期間」欄**

- 平成27年9月までの加入実績に応じて計算した経過的職域加算額（共済年金）が含まれている。
  ※経過的職域加算額（共済年金）は、被用者年金制度の一元化により改正される前の私立学校教職員共済法に基づき支給される。

**「3. これまでの加入実績に応じた年金額」が表示されていない場合は?**

**◆次の状況など、年金加入記録の不備が考えられる**

- 同月内で重複している年金加入記録がある
- 厚生年金保険に統合されていない農林共済組合の加入記録がある

年金加入記録を補正する必要があるので、近くの年金事務所に問い合わせる。

**ⓙ お客様のアクセスキー**

◆「ねんきんネット」のユーザIDを取得する際に使用する17桁の番号。この番号を使用してユーザID発行の申込みをすると、即時にユーザIDが取得できる。

**ⓚ 音声コード**

◆「ねんきん定期便」には、自身の年金加入記録に関する情報を収録した音声コードを印刷している。

◆この音声コードの内容は、音声コードの専用読み取り装置で読み取ることによって、自身の年金加入記録を音声で聞くことができる。

# 3章

# 若者も得られる国民年金の安心保障とは?

# 序　本当に年金制度は崩壊するのか

物流会社で契約社員として働いているK子さん（35歳）は、20代の頃から個人年金を毎月3万円も積み立ててきました。

「将来、公的年金制度は必ず崩壊するので、これからは若いうちから備えておかなきゃあ」と保険会社のセールスにいわれて、なんとなく加入したのです。

ところが最近、入院や手術に備えた医療特約のついた生命保険に入ろうとしたら、個人年金と合わせて掛け金が月に6万円にもなることが判明。毎月の給与から払っている社会保険料4万円と合わせると、保険関係だけで月に10万円を超える出費になりそうです。

月収30万円あるいまは、なんとか払っていけますが、契約満了で失業すると家計は破綻しかねません。

かといって個人年金をやめると、将来の不安が大きくなってしまうと悩むK子さん。どうしたらいいのでしょうか。

「年金制度は崩壊する」とさかんにいわれはじめたのは、もう25年以上昔のことです。国民年金の支給開始年齢を60歳から65歳へと段階的に引き上げることが決まったのが1994年。当時、このままいくと年金制度はもたないと囁かれたものですが、25年以上たっても、とりあえず年金制度は崩壊していません。

「年金崩壊」を前提にして、国民年金保険料を未納し続けてきた人などは、勝手に判断したのが裏目に出て、損してしまった典型と言えるかもしれません。

同じ「年金崩壊」を前提にしながらも、それとは逆に、K子さんのように必要以上の備えをしてしまってふだんの生活に支障をきたすケースもめだちます。

生命保険も毎月の給与から引かれる社会保険も、同じく「将来に備える」ためのもの。収入に余裕があれば問題にならないでしょうが、それが原因で生活が苦しくなったとしたら本末転倒です。

年金の話題は、受給を目前にした世代を対象にしたものが多いため、まだ30代から40代の人は、どういう考え方で、将来に備えればよいのかを学ぶ機会がほとんどありません。

公的年金に対する不安は、いつの時代も小さくないのですが、大切なのは「未来を的確に予測することは誰にとっても不可能」だと考えることだと思います。

下手に未来を予測せず、どう転んでも損のないよう臨機応変に対応していく必要があるといえるのですが、そのために重要なのは、やはり国民年金についての基礎知識です。

そこで本章では、現役世代にとっての年金の活用方法をみていくことにします。

# 1 年金が生命保険の代わりになる？

国民年金には、生命保険の機能が備わっていることを知っていますか？　これを一通り知っていれば、生命保険料を大幅に節約することができます。

まずは、遺族基礎年金。受け取れるのは、18歳未満の子供がいる妻です（子供がいない妻は対象外）。父親に不幸があった場合、年間78万円プラス子供の加算分で年間1人22・4万円が支給されます。母親と子供1人世帯で年間100万円程度、子供が2人いれば年間123万円程度になる計算です。

これは、かつては母子家庭のみが対象でしたが、いまは母親に先立たれた父子家庭でも支給されます。よって、一家の生命保険の基幹部分として、おおいに活用できます。

## "遺族厚生"ならダブル受給？

会社勤めをしていて、厚生年金に加入している人なら、遺族基礎年金に上乗せされるのが遺族厚生年金です。

**国民年金世帯で夫を亡くした妻がもらう年金は？（妻を亡くした夫も同じ）**

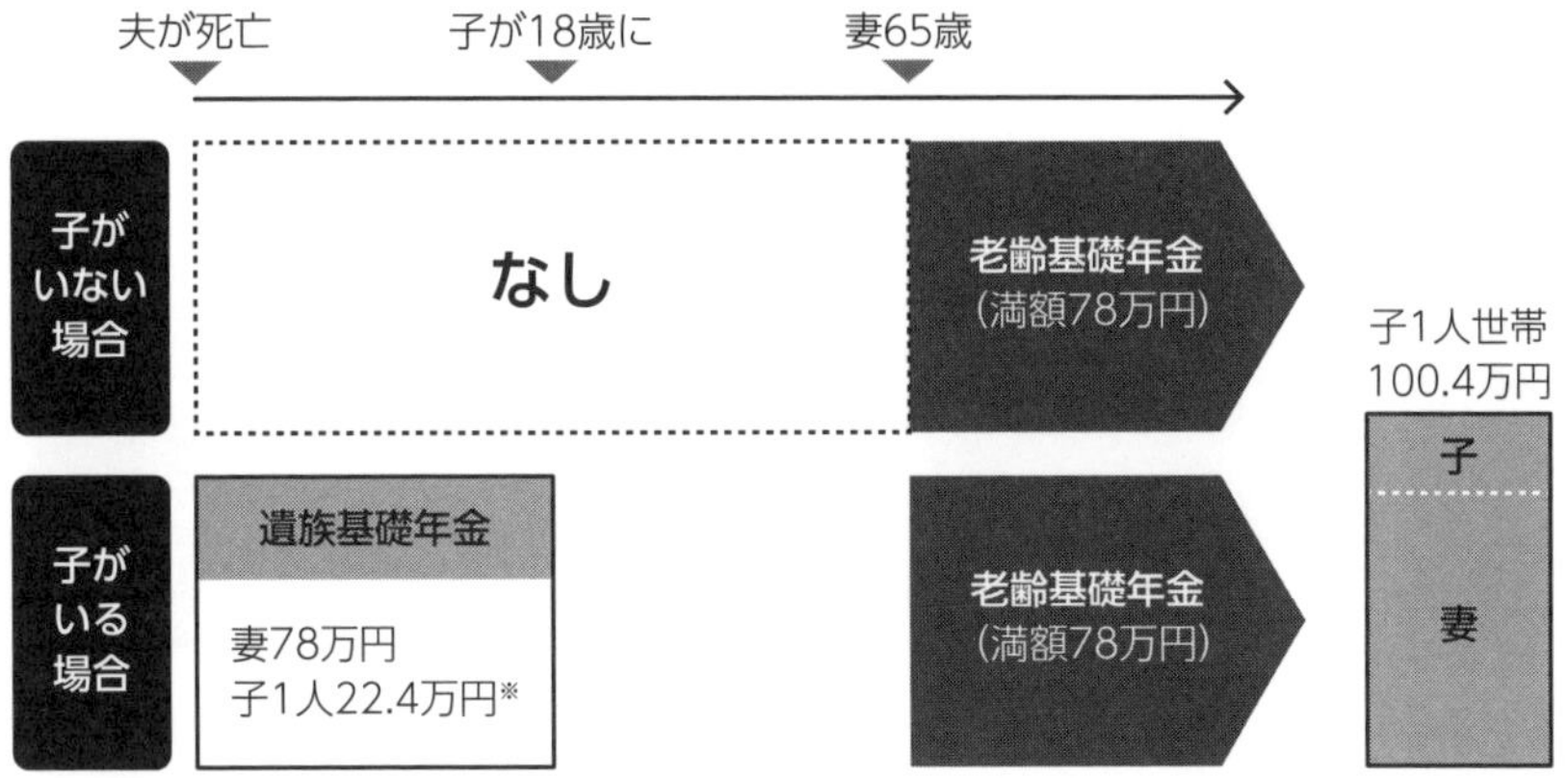


※3人目からは7.48万円

支給されるのは、加入者が将来もらえたはずの報酬比例部分（給与・ボーナスの額に比例する厚生年金部分）の4分の3。報酬比例部分だけで１００万円もらえる人だったら、75万円が遺族に年金として支払われる計算です。

受給対象者は、加入者によって生計を維持されていた配偶者（妻か夫）または子（18歳到達年齢の年度末を経過していない者）です。妻や子が受給できる場合は、遺族基礎年金とダブル受給となります。

〝遺族厚生〟が〝遺族基礎〟と異なるのは、第一に、子がいない妻にも支給されること（ただし、30歳未満は5年間の有期給付）。そして、保険金受取人が妻子に限らず、孫や父母、祖父母も一定の要件を満たせば対象になりますので、独身の人にとっても使える保障といえそうです。

唯一残念なのは、妻を亡くした夫の場合は、年齢が55歳以上に限るうえ、支給は60歳からです。

## 厚生年金世帯で夫を亡くした妻がもらう年金は？

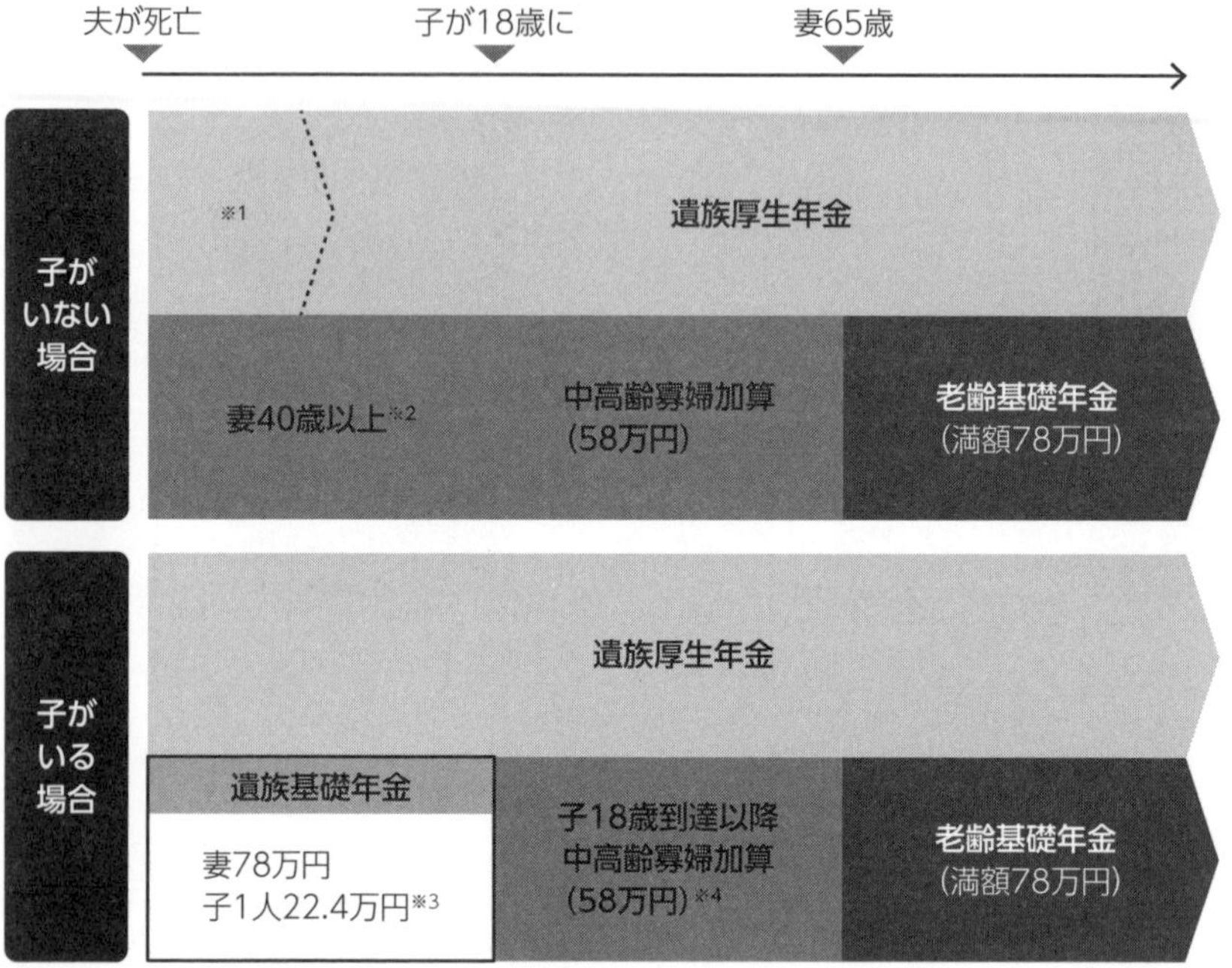


※1　子のいない30歳未満の妻は5年間の有期給付
※2　夫死亡時、40歳以上65歳未満で、子がいない妻に支給
※3　3人目からは7.48万円
※4　夫の死亡時に妻が40歳未満であっても、子が18歳到達年度末日に達して、遺族基礎年金が打ち切りになった場合は、中高年寡婦加算あり。79ページ下図参照

## 妻を亡くした夫がもらう年金は？

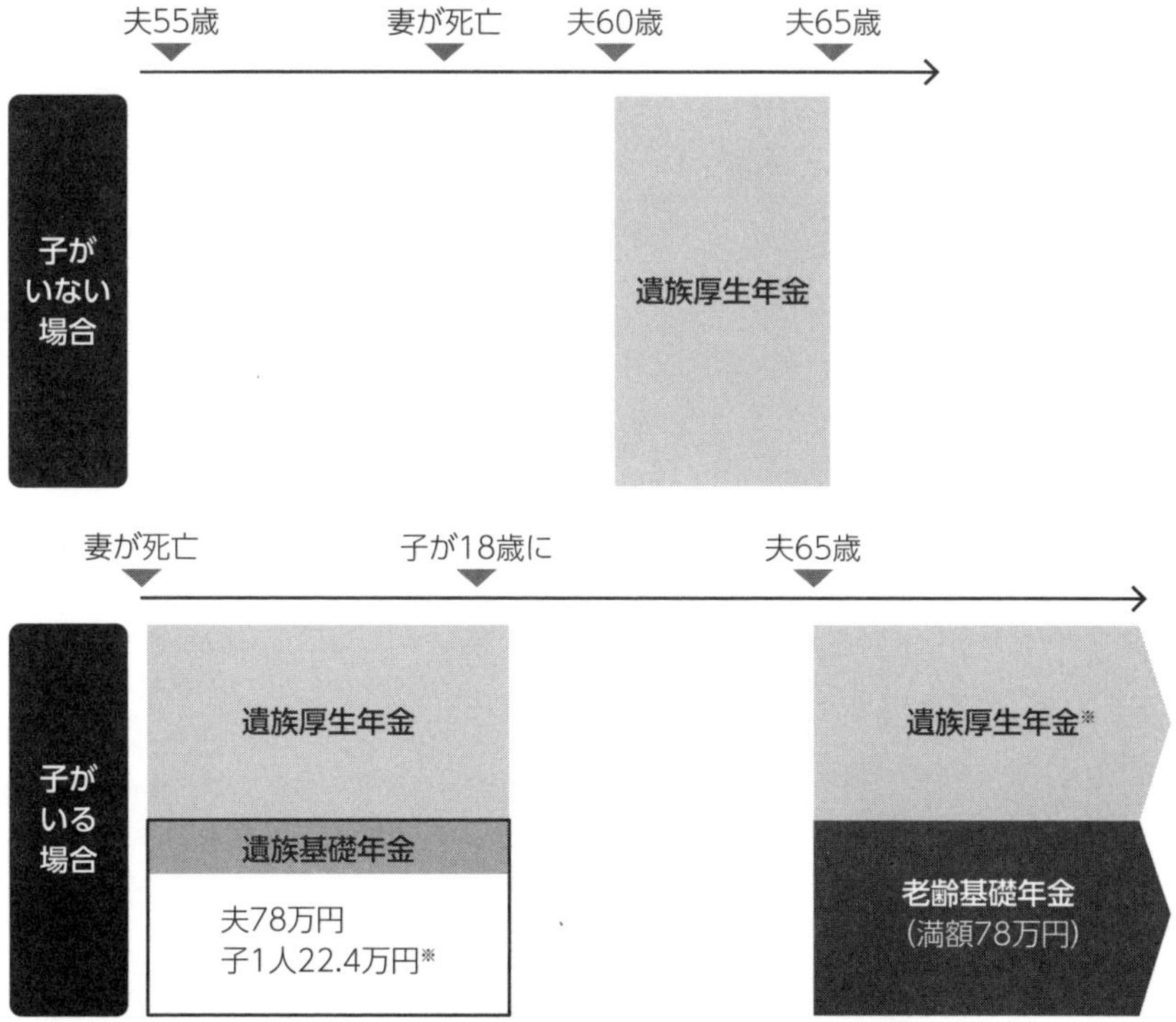


**夫は遺族基礎年金を受給中の場合に限り、遺族厚生年金も合わせて受給できる。**

※65歳前に、自分の特別支給の老齢厚生年金を受給できるようになったときは、原則として、その給付と遺族厚生年金のどちらかを選択

# 2 おトクな遺族年金をもらえない人たち

遺族年金は、別途保険料無料で年金にオマケでついてくる生保と考えればとってもおトクなのですが、注意したいのは、受給資格です。国民年金を長期間未納にしていると、遺族年金は、支給されません。

具体的には、保険料納付済み期間が、国民年金加入期間（免除期間含む）の3分の2以上あること。つまり、いま32歳の人なら、20歳から12年間のうち8年間は国民年金（または厚生年金）を納めていないとアウト。これではかなりの人が弾かれてしまいますよね。

そこで救済措置として、２０２６年4月1日より前の場合には、死亡日に65歳未満であれば、その前々月までの1年間に保険料の滞納がなければ受給できる特例が用意されています。

遺族厚生年金では、この要件さえクリアしたら、保険料を納めた期間が極端に短い人でも「最低３００カ月保障」してくれます。たとえば、新卒で就職して1カ月しか勤務していない人が亡くなっても、25年勤務している人と同じ計算で年金が遺族に払われるのです。なので、できるだけ直近の1年間を優先して、国民年金の保険料滞納は解消しておきたいところです。

## 遺族基礎年金の支給要件と対象者

| | |
|---|---|
| 支給要件 | 被保険者または老齢基礎年金の受給資格期間が25年以上ある者が死亡したとき（ただし、死亡した者について、保険料納付済期間（保険料免除期間を含む）が加入期間の3分の2以上あること）。 |
| | ※ただし2026年4月1日前の場合は死亡日に65歳未満であれば、死亡日の属する月の前々月までの1年間の保険料を納付しなければならない期間のうちに、保険料の滞納がなければ受けられる。 |
| 対象者 | 死亡した者によって生計を維持されていた<br>（1）子のある配偶者　（2）子<br>子とは次の者に限る<br>• 18歳到達年度の末日（3月31日）を経過していない子<br>• 20歳未満で障害年金の障害等級1級または2級の子 |

※救済措置の期限は、これまで満期が近づくたびに何度も更新されていて、実質的には意味をなさない規定になっている。

**免除を含む納付済期間が加入期間の3分の2以上**

**2026年3月までは、初診日（死亡日）の属する月の前々月までの過去1年間に保険料の未納がないこと。**
**※免除期間には、納付猶予・学生納付特例承認期間も含む**

# 3 40歳以降の妻には遺族厚生年金に割り増し給付

18歳未満の子供がいる配偶者でないと1円ももらえない遺族基礎年金と比べると、遺族厚生年金のほうは、子供がいなくても遺された妻には支給（夫は55歳以上が対象で60歳支給開始）されますので、なかなかありがたい制度といえそうです。

ただ、女性の場合、フルタイムで働くにしても男性よりもハンデが大きいですよね。

そこで覚えておきたいのがアラフォー優遇制度。夫が亡くなって妻がもらう遺族厚生年金では、妻の年齢が40歳以上になると、年間58万円の「中高齢寡婦加算」というオマケがついてくるのです。支給されるのは65歳までですが、昭和31年4月1日以前の生まれの人は、その後も「経過的寡婦加算」として上乗せが続けて支給されています。

もちろん、子供がいなくてもOK。逆に、子供がいて遺族基礎年金をもらえる人は夫の死亡時に40歳未満であっても、子供が18歳で高校を卒業して遺族基礎年金をもらえなくなったときから、中高齢寡婦加算がつきます。

遺された家族が生活に困らないような、さまざまな保障がついてくるのです。

## 妻が40歳以上なら、おトクな上乗せがある遺族厚生年金

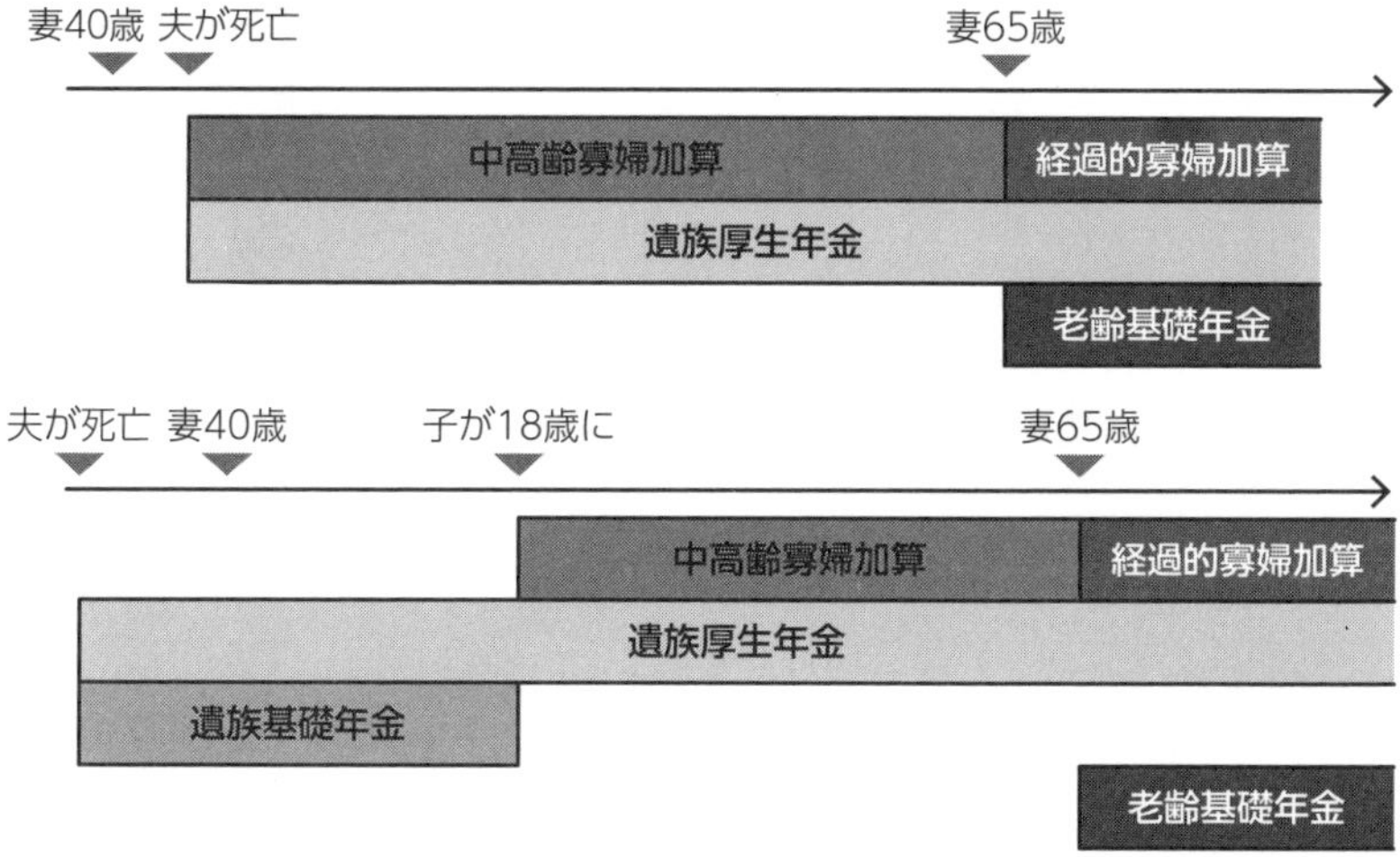


上図・40歳以上で18歳到達年度末日までの子供がいない妻に対して65歳まで、中高齢寡婦加算が支給。65歳以降は経過的寡婦加算が支給される（ただし、1956（昭和31）年4月2日以降生まれの妻には経過的寡婦加算はつかない）。

下図・末子の年齢が18歳到達年度末日に達して、遺族基礎年金が打ち切られた妻に対しても、遺族厚生年金に加算されて中高齢寡婦加算が支給。こちらも、65歳からは経過的寡婦加算に切り替わる。

## 経過的寡婦加算の額（2019年度）

| 妻の生年月日 | 加算額 |
|---|---|
| 1953年4月2日～1954年4月1日 | 58,532円 |
| 1954年4月2日～1955年4月1日 | 39,030円 |
| 1955年4月2日～1956年4月1日 | 19,527円 |
| 1956年4月2日～ | ― |

# 4 国民年金を1円ももらわずに亡くなったら4分の3もらえる寡婦年金

遺族基礎年金は、18歳未満の子供がいる世帯でなければもらえないとなると、長年、国民年金を納めてきて結局1円ももらわないままで終わる人もなかには出てきますよね。

そこで、救済策として用意されているのが「寡婦年金」と呼ばれる国民年金だけの給付です。

すでに国民年金の受給資格をクリア（保険料納付済期間と免除期間を足して10年以上。厚生年金の期間は足せない）した夫が受給開始前に亡くなった場合に、国民年金から遺された妻に支給されます。支給額は、夫が65歳からもらう予定だった老齢基礎年金の4分の3。

夫が年金をもらう前に亡くなっても、その4分の3は妻がもらえるわけねと、ホッとしたかもしれませんが、実はこれ、妻が死ぬまでもらえるわけではありません。60歳から65歳になるまでの5年間限定。65歳からは自分の年金がもらえるからいいよねという制度になっています。

国民年金の受給資格期間は、２０１７年8月1日からは、それまでの25年以上から10年以上

## 国民年金加入の夫が亡くなった妻が受け取れる寡婦年金

(1)死亡前月までの期間に国民年金保険料の納付期間と保険料免除期間の合計が10年以上ある
(2)夫が生前、老齢基礎年金を受給しておらず、障害基礎年金を受ける権利もない
(3)夫の死亡までの間に、夫婦の婚姻期間が10年以上ある
(4)夫死亡当時、妻が夫に生計を維持されていたこと(※)

- 寡婦年金の額＝夫がもらえるはずだった国民年金×3/4
- もらえる期間＝60歳から65歳になるまでの5年間(夫死亡時に妻60歳以上なら、そこから65歳になるまで)

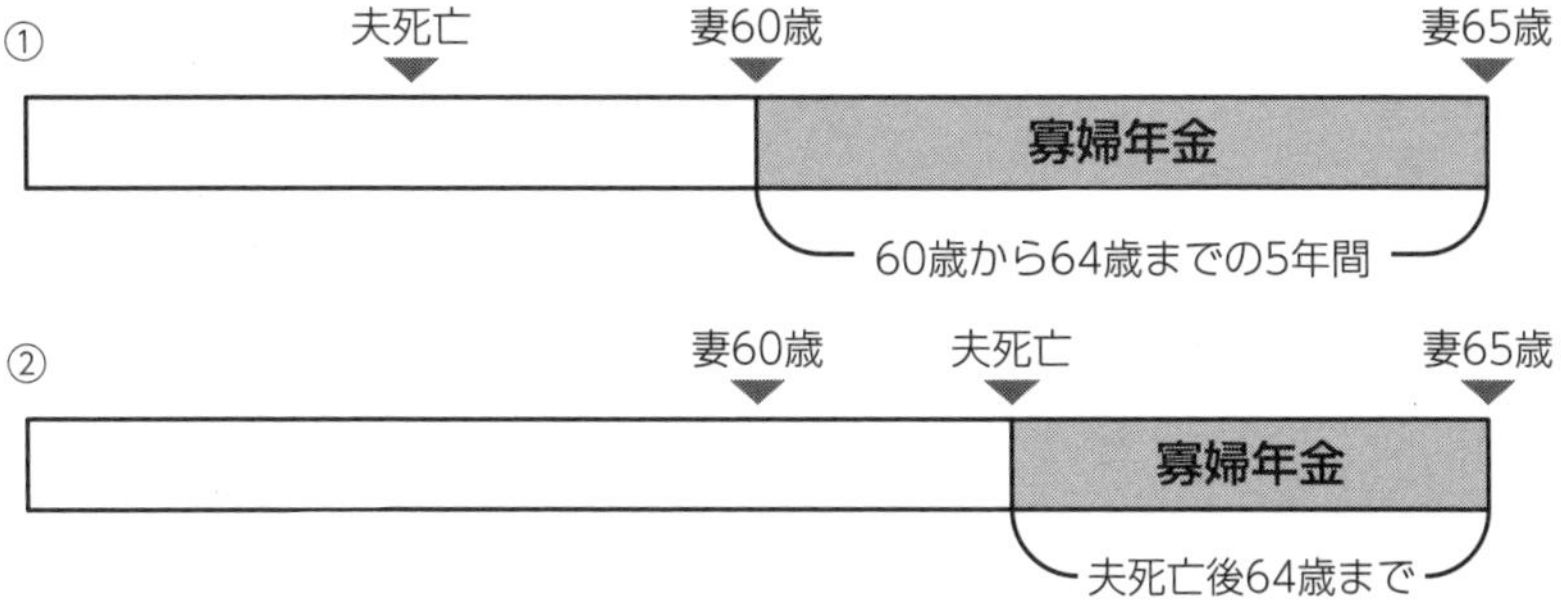


※夫死亡当時、妻が夫と同居していたこと等により生計が同じで、妻自身の前年の収入が850万円未満（あるいは前年の所得が655.5万円未満）である場合

に短縮されましたので、配偶者に先立たれた多くの人が対象になりそうです。

　注意したいのは、寡婦年金の場合、この受給資格期間に算入できるのは、あくまで国民年金の加入者として保険料を払っていた期間のみ。長年、厚生年金に加入してきた人ならば、遺族厚生年金がもらえるため、この寡婦年金は、最初から対象外なのです。

# 5 国民年金加入者の最後の砦《とりで》・死亡一時金

もうひとつ、意外に知られていない国民年金だけの遺族関連給付があります。

「死亡一時金」というのがソレで、国民年金の保険料を納めた期間が3年以上あれば、妻または夫に支給される、いわば葬式代のようなもの。

支給額は、加入年数によって変わるしくみで、最も短い3年以上15年未満で12万円、最も長い35年以上でも32万円。

ただし、寡婦年金とのダブル受給は認められず、どちらか一方の選択制なのが難点ですが、配偶者だけでなく、子供、父母、孫、祖父母、兄弟姉妹と、受取人の範囲がかなり幅広いのが大きな特徴です。

国民年金加入者が亡くなって、公的年金からほかには何ももらえない場合に最後の砦となる給付金として、覚えておきたいものです。

## 国民年金加入者の遺族がもらえる死亡一時金

**①支給要件**

- 国民年金保険料を3年（36カ月）以上納めていた
- 老齢基礎年金・障害基礎年金を受けないまま亡くなった

**②支給対象者**

- 死亡した国民年金加入者と生計を同じくしていた遺族（※）

**③支給額**

| 保険料を納めた月数 | 金額 |
|---|---|
| 36カ月以上180カ月未満 | 120,000円 |
| 180カ月以上240カ月未満 | 145,000円 |
| 240カ月以上300カ月未満 | 170,000円 |
| 300カ月以上360カ月未満 | 220,000円 |
| 360カ月以上420カ月未満 | 270,000円 |
| 420カ月以上 | 320,000円 |

※1・配偶者、2・子、3・父母、4・孫、5・祖父母、6・兄弟姉妹の中で優先順位の高い人に支給

# 6 ケガや病気で障害が残ったら、国民年金から出る障害基礎年金

もし、事故にあったり、大病して心身に障害が残ったら、健康な人と同じようには働けなくなり、たちまち生活に困ってしまいますね。

でも、安心してください。そんなときにも、年金制度がめんどうをみてくれます。それが障害年金です。

まず、国民年金から支給されるのが障害基礎年金。

「2級障害」と認定されたら、老齢基礎年金と同額の年間78万円が支給されます。要するに「2級障害」は、死亡と同じくらいの損害と年金制度は位置づけているわけです。

障害基礎年金の場合、扶養家族には、加給金もつきます。配偶者にはつかず子供だけですが、これが子供1人につき約22・4万円（3人め以降は1人につき約7・5万円）が毎年支給され、子供が2人いたら合計123万円になります。

ちなみに「2級障害」と認定されるのは、「常に介助は必要でないが日常生活が困難な状態」です。

## 障害基礎年金は、いくらもらえる？

| | | | |
|---|---|---|---|
| 1級障害 | 97万5,125円 | ＋ | 子の加算 22万4,500円 |
| 2級障害 | 78万100円 | ＋ | 子の加算 22万4,500円 |
| 3級障害 | なし | | |

※2人めまでは、1人につき、22万4,500円（月額1万8,708円）、3人め以降は、1人につき、7万4,800円（月額6,233円）

さらに、1級障害（常に介助が必要な状態）と認定された場合には、基本額は2級よりも25％増の約97・5万円が支給されることになっています。子供の加算額は2級と同じです。

障害基礎年金は、保険料さえマジメに納めていれば、加入（納付）年数にかかわりなく支給されるのですから、安心です。

極端な話をすれば、20歳で国民年金に加入したばかりでまだ1カ月しか納めていない人でも、障害基礎年金の対象になるのです（20歳前に傷病を負った人の場合、本人が保険料を納めていないことから、所得制限が設けられており、所得額が398万4000円（2人世帯）を超えると年金額の2分の1相当額に限り支給停止、500万1000円を超える場合には全額支給停止とする二段階制がとられている）。

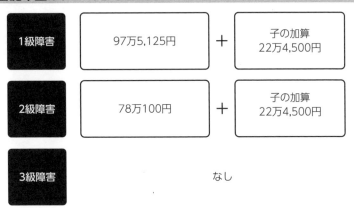

# 7 扶養家族がいたら、上乗せ給付が手厚い障害厚生年金

厚生年金に加入している勤め人の場合は、障害基礎年金に加えて「障害厚生年金」ももらえます。こちらは、2級障害と認定された場合、将来65歳からもらえる老齢厚生年金とほぼ同額が支給されます。

というと、加入期間が短い人はわずかな額しかもらえないと思いきや、遺族厚生年金同様に、障害厚生年金も最低300カ月（25年）が保障されているので安心です。

平均月収40万円ならば、年間65・7万円程度になる計算。これに、65歳未満の年金をもらえない配偶者がいる場合には「加給年金」が約22・4万円プラスされます。

障害基礎年金の加給金は、子供のみが対象でしたが、障害厚生年金の「加給」は逆に配偶者のみが対象となります。勤め人で厚生年金加入者ならば、結果的に障害基礎からは子供の加給、障害厚生からは配偶者の加給と、両方で加給金がもらえるようになっています。

さらに、1級障害なら、将来65歳からもらえる老齢厚生年金の1・25倍の年金が支給されます。前記の条件なら、82・2万円になる計算です。

## 障害厚生年金は、いくらもらえる？

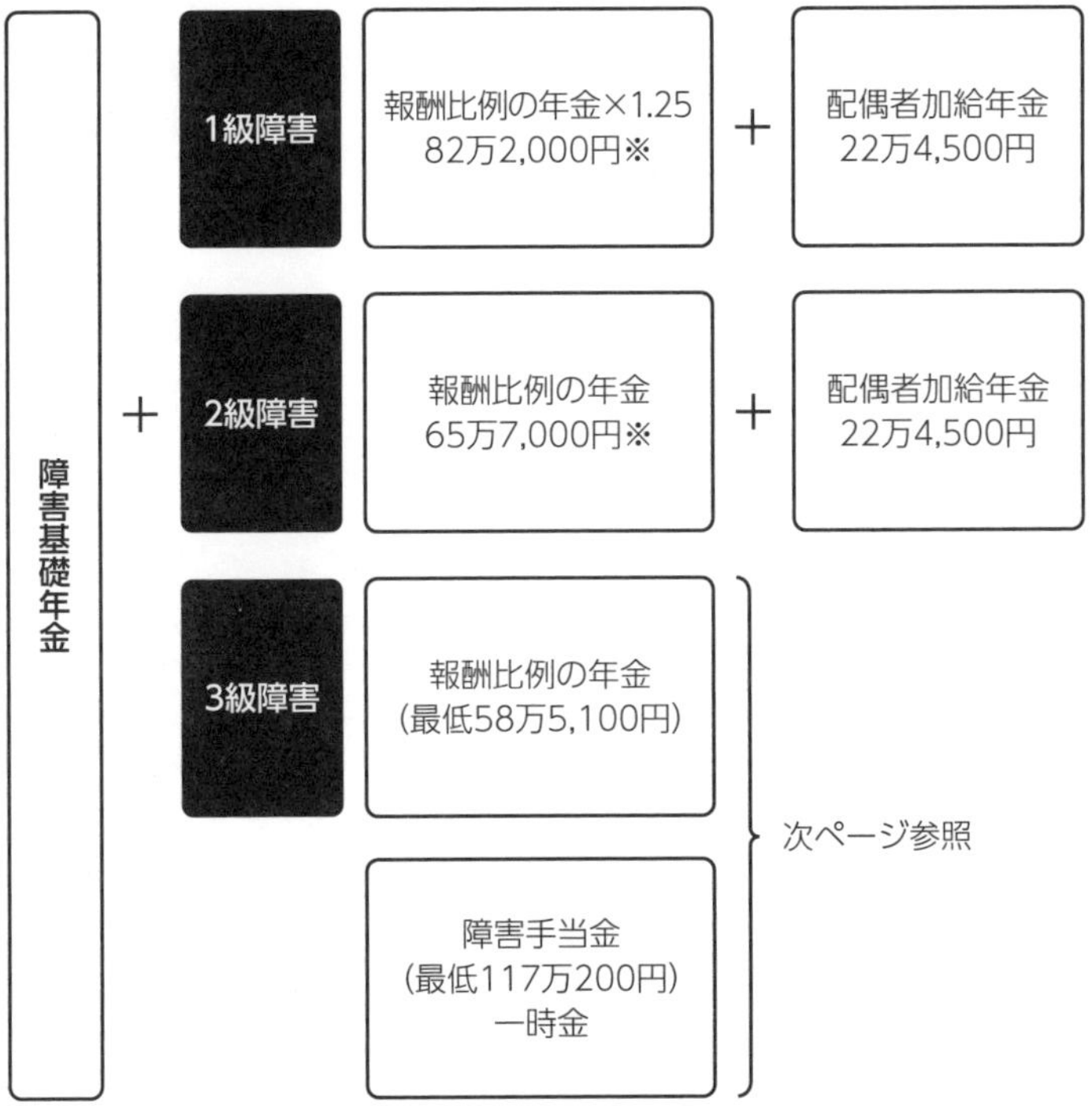


※平均月収40万円の場合

# 8 扶養家族なしでももらえる3級障害厚生年金

日常生活が困難で、ふつうに働いて収入を得ることが困難な状態であるのが障害年金2級と認定されるひとつのめやすとされています。では、一定の制限は受けるとしても、なんとか働いて収入を得ることができる場合は、もはや障害年金の対象にはならないのでしょうか？

答えは「イエス、バット」です。残念ながら、障害基礎年金には「2級」までしか等級がありませんので、そこに該当しないと年金は1円も出ません。

一方で、障害厚生年金には、もう一段緩和された基準で判定される「3級」が設けられているのです。

「労働が著しい制限を受けるか、または労働に著しく制限を加えることを必要とする程度の障害」という基準等を満たせば、障害厚生年金の「3級」と認定されます。

もちろん、妻子がいない人でも支給されますし、特段、年齢制限もありません。

でも、加入期間が短かったり、給与が低いとたいしてもらえないのでは、と思われるかもしれませんが、そこも大きな誤解ポイントです。

3級と認定された場合、支給される年金額は、原則として2級と同じ報酬比例の年金額（厚生年金部分）なのですが、そうすると加入年数が短い人は金額も雀の涙になってしまいます。そこで、最低保障額として約58万円が設定されているのがミソ。

つまり、先月入社したばかりでまだ1カ月しか厚生年金を払っていない人でも、それだけの年金がもらえるわけです。

現実に、まったく働けないほどの障害が残るケースは少なく、働けてもある程度ハンデが残る可能性のほうがずっと高いことを考えれば、障害厚生年金というのは、家族のいない独り者にはかなり頼りになる存在といえそうです。

さらに、初診日から5年経過する日までの間に、その病気やケガが治った、あるいは完全に治ってはいないけれど3級と認定されるよりも軽い症状が残った場合には、障害手当金という給付金までついてきます。

これは一時金として支給されるもので、支給額は、3級の2年分で、総額117万円。

ただし、公的年金（国民年金・厚生年金）をすでに受給中の人や、労災保険の障害補償を受けている人は受給できません。

# 9 国民と厚生とでこんなにある障害年金格差

少しややこしくなりましたので、障害年金を整理すると以下のようになります。

1　国民年金のみ加入者
●2級障害↓障害基礎＝本人78万円
子供がいれば、子供1人22・45万円プラス
●1級障害↓障害基礎＝本人78万円×1・25＝97・5万円
子供がいれば、子供1人22・45万円プラス

2　厚生年金加入者
●国民年金のみ加入者の金額
●2級障害厚生＝報酬比例の年金額（平均月収40万円で約65・7万円）
妻（夫）がいれば、配偶者の加給金22・45万円プラス

- 1級障害厚生＝2級の額×1・25＋配偶者加給金22・45万円プラス
- 3級障害厚生＝報酬比例の年金額（最低保障額58・51万円）
- 治癒したら障害手当金＝3級の2年分の一時金（117万円）

## 単身者でも得られる障害年金の恩恵

遺族年金の給付は、子供がいる妻帯者であれば、国民年金の生保機能の恩恵は十分に得られますが、子供がいない人は、国民年金からはなんの保障も得られません。

その点、障害年金の給付は、単身者であっても、本人に支給されますので、決定的なデメリットはありません。また、厚生年金加入者ならば、比較的ハードルの低い3級障害までカバーしてくれるのは大きなメリット。配偶者がいれば、国民年金にはない配偶者への加給金もプラスされます。

障害厚生年金は、家族構成にかかわらず、誰でも得られる保険メリットがある年金です。厚生年金の保険料には、その分の保障がオマケでついてくると考えれば、決して高くはないかもしれません。

軽い

3級障害

障害厚生年金
（3級）

障害手当金

厚生年金

国民年金のみ加入世帯は、障害基礎年金に「子の加算」のみ支給なのに対して、厚生年金加入世帯は、それらに加えて障害厚生年金プラス配偶者の加給年金がもらえる。また、比較的、症状が軽くても認定される3級や、症状が改善された場合に一時金として給付される障害手当金もある厚生年金のほうが有利。

## 国民年金と厚生年金の給付比較

重い ← 障害の程度

| | 1級障害 | 2級障害 | |
|---|---|---|---|
| 上乗せ年金 | 障害厚生年金（1級） | 障害厚生年金（2級） | |
| 上乗せ年金 | 配偶者※1の加給年金 | 配偶者※1の加給年金 | |
| 基礎年金 | 障害基礎年金（1級）月額 約8万1,000円 | 障害基礎年金（2級）月額 約6万5,000円 | 国民年金 |
| 基礎年金 | 子※2の加算※3（第1・2子）各 月額 約1万9,000円 | 子※2の加算※3（第1・2子）各 月額 約1万9,000円 | 国民年金 |

※1　配偶者は65歳未満であること（大正15年4月1日以前に生まれた配偶者には、年齢制限はない
※2　子は18歳になった後の最初の3月31日までの子
　　または、20歳未満で障害等級1級、2級の障害の状態にある子
※3　子の加算は、第3子以降は各 月額 約6,000円

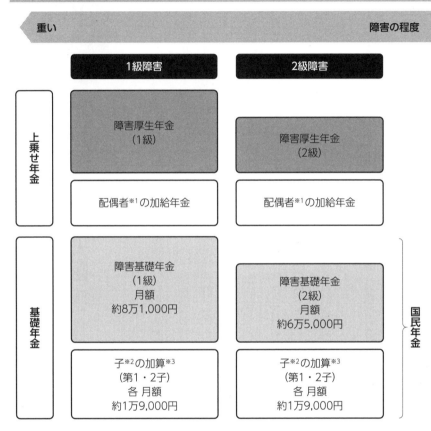

# 10 年金未納しても障害年金はもらえる？

せっかく保険料なしでついてくる国民年金の生命保険機能である遺族年金も、年金の保険料を未納にしていると、もしものときに1円も給付されなくなると先述しました。

復習しますと、遺族年金の受給資格は、本人死亡時の前々月までに保険料納付済期間が、国民年金加入期間（免除期間含む）の3分の2以上あること。つまり、いま32歳の人なら20歳から12年間のうち8年間は国民年金（または厚生年金）を納めていないとアウトでした。

ただし、救済措置として2026（令和8）年4月1日より前の場合には、死亡日に65歳未満であれば、その前々月までの1年間に保険料の滞納がなければ受給できるという特例が用意されています。

では、障害年金はどうなのでしょうか。

障害年金（基礎、厚生）の受給資格も、加入期間の3分の2以上、保険料を納付していることおよび過去1年間に未納期間がないこと、という基本的なしくみは遺族年金と同じですが、基準となる日が違います。

## 障害年金における保険料の納付要件の特例とは？（国民年金・厚生年金共通）

次のすべての条件に該当する場合は、納付要件を満たす。
- 初診日が2026年4月1日前にあること
- 初診日において65歳未満であること
- 初診日の前日において、初診日がある2カ月前までの直近1年間に保険料の未納期間がないこと

20歳（2013年1月）　初診日（2014年9月）

| 2013年 | | | | | | | | | | | | 2014年 | | | | | | | | |
|---|---|---|---|---|---|---|---|---|---|---|---|---|---|---|---|---|---|---|---|---|
| 1 | 2 | 3 | 4 | 5 | 6 | 7 | 8 | 9 | 10 | 11 | 12 | 1 | 2 | 3 | 4 | 5 | 6 | 7 | 8 | 9 |
| 未納 | 未納 | 未納 | 未納 | 未納 | 未納 | 未納 | 納付 | 納付 | 納付 | 免除 | 免除 | 免除 | 免除 | 納付 | 納付 | 納付 | 納付 | 納付 | 未納 | 未納 |

直近1年間の期間 → 保険料の未納期間がない

**〈解説〉**
初診日がある月の2カ月前までの直近1年間（2013年8月から2014年7月まで）に保険料の未納期間がないので納付要件は満たしている。

※初診日が平成3年5月1日前の場合は、納付要件が異なる。年金事務所に相談のこと。

その不幸が起きた日、つまり重い障害と診断された日ではなく、その病気やケガについて初めて医療機関を受診した日（イコール初診日）の前日に、国民年金に加入していて保険料を長期滞納していなければOKです。〝3分の2ルール〟も、〝過去1年間未納なしルール〟も、基準日は、その病気やケガで初めて医療機関を受診した日（初診日）の前日からカウントします。

残るは障害が認定される日ですが「初診日から1年半経過した日に、各障害年金の基準となる状態であること」が認められると、障害年金が支給されるようになるわけです。

例外規定はいくつかありますが、おおまかに言えばそういうことです。障害基礎、障害厚生ともに似たようなしくみになっています。

# 11 初診日がいつかで命運が分かれる障害厚生年金

大手電機メーカーの請負会社の社員として3年半働いていたSさん（当時29歳）は、近く会社が現場から撤退すると知り、いち早く退職して転職活動をスタートしました。ところが、世間が景気後退局面に突入していたため、なかなか転職先が決まりません。

そのうち失業手当をもらえる日数が少なくなって、心細くなる一方。そこで職業訓練を申し込もうとしたところ、訓練開始時には失業手当をもらいきっているため、訓練期間中の延長給付なしとハローワークでいわれ、困り果ててしまいました。無収入では、職業訓練に通うことはできません（失業手当をすべてもらい切る（現在は所定給付日数の3分の2）前に訓練をスタートすれば、訓練修了まで失業手当の給付は延長になる。詳しくは232ページ）。

そんなSさんを窮地から救ったのが障害者手帳でした。もともと発達障害の兆候があった彼は、前年、精神障害者の認定を受けて障害者手帳を取得していたのです。

折しも、主治医から「申請に必要な書類を書いてあげるよ」といわれたこともあり、障害年金を申請することになりました。国民年金は保険料の免除申請をしていたので、現在、保険料を払っていなくてもＯＫ。

しかし、国民年金から受給するには、２級障害以上と認定されなければなりません。彼の場合はそこまで重い障害を負っているわけではなかったにもかかわらず、年金事務所に申請すると、あっさりと障害厚生年金の支給が決定したのです。

いったい、なぜ受給可能になったのでしょうか？

救世主は、厚生年金でした。非正規で働いていると厚生年金なんて無縁の世界だと思うかもしれません。

ところがＳさんの場合、かつて数カ月だけ働いた事業所で厚生年金に加入していました。

そして、ここからが大事な部分なのですが、障害認定を受けたときには加入していなくても、その障害の原因となった病気やケガについて初めて医療機関を受診した日、つまり初診日の前日が厚生年金に加入していたときであれば、障害厚生年金の受給資格はあるのです。

その結果、主治医が書いてくれた診断書を添えてＳさんが申請すると、３級障害厚生年金があっさり下りたのです。

## 障害年金とダブル受給

Ｓさんが受給できる３級障害厚生年金の額は、月にして５万円弱ですが、精神障害者の手帳を持ち、なおかつ障害厚生年金も受給していることが、もうひとつ別の制度につながりました。

「就職困難者」と扱われて、職業訓練期間中は、生活に困らないよう訓練手当が月13万円ほど出ることになったのです。

それが雇用対策法に基づく「訓練手当」です。

職業訓練を受けたいと希望したものの、志望コースの受講開始時には、雇用保険をもらいきっていたため、訓練期間中の失業手当の給付はありません。しかし、無収入では訓練を続けることができません。

そこで、雇用保険の受給資格のない就職困難者向けに設けられていた訓練手当が出るのではないかと役所にかけあったところ、あっさりとその支給が認められたのです。それが月額にして約13万円。3級障害年金の月5万円と合わせると、十分に生活費を賄うことが可能となったため、職業訓練を受けられることになりました。

受講する訓練は6カ月コースですが、修了後に就職できれば、障害厚生年金をもらいながら働いて収入を得ることができます。

ハンデがある分、就労で不利になる分を年金がカバーしてくれることになったというわけです。

## 障害年金は、いつからもらえる？

### 障害認定日による請求

障害認定日に法令に定める障害の状態にあるときは、障害認定日の翌月分から年金を受け取ることができる。このことを「障害認定日による請求」という。

[例1]

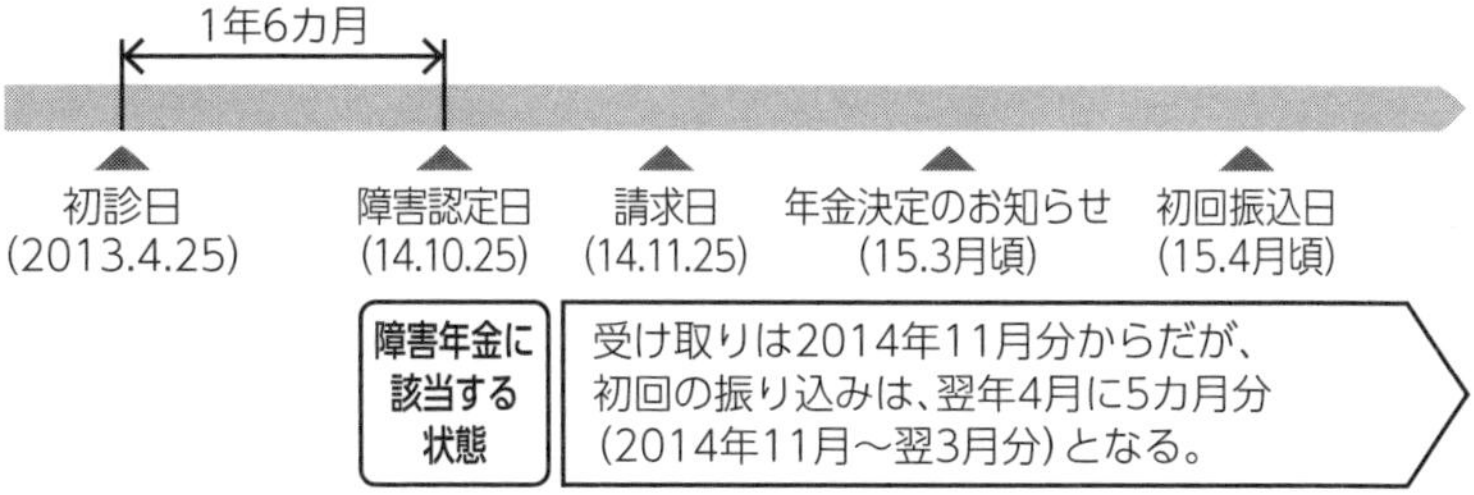


〈解説〉

このケースでは、初診日が2013年4月25日のため、障害認定日は1年6カ月をすぎた日である2014年10月25日となる。障害認定日の症状が法令に定める障害の状態にあれば、障害認定日以降に障害年金を請求することで、2014年11月分から受け取れる。

### 事後重症による請求

障害認定日に法令に定める障害の状態に該当しなかった方でも、その後病状が悪化し、法令に定める障害の状態になったときには請求日の翌月から障害年金を受け取ることができる。このことを「事後重症による請求」という。

[例2]

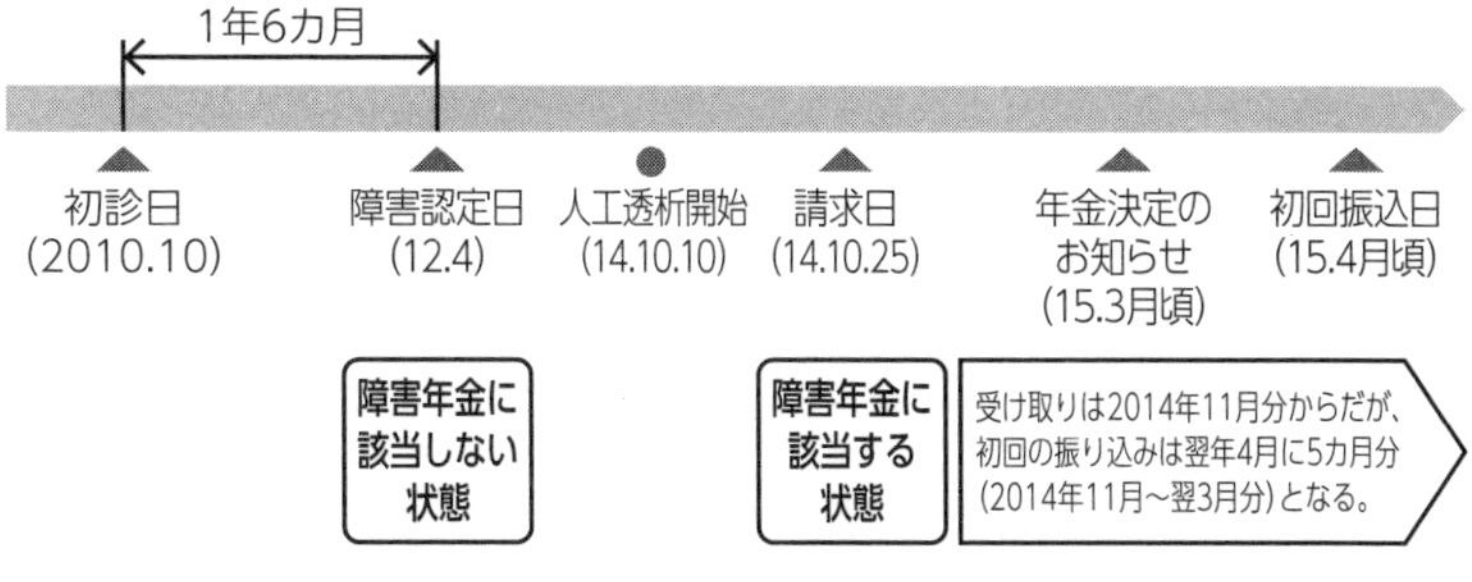


〈解説〉

このケースでは、初診日は2010年10月となる。障害認定日には、症状が軽かったので、障害年金には該当せず。しかし、2014年10月10日から人工透析（2級相当）を開始したため、人工透析開始日以降に障害年金を請求することで事後重症による障害年金を請求日の翌月分（2014年11月分）から受け取れる。

# 12 会社を辞める前には、必ず医師の診断を受けたい理由

遺族年金と障害年金に共通するのは、厚生年金に加入していた人のほうが、なにかと有利だということです。

とはいえ、たまたま失業中だったり、社保なしの会社に勤務していたり、あるいは一時的に専業主婦（夫）だったり、長いライフサイクルのなかでは、厚生年金に加入していない期間は、多くの人にあるもの。

そこで、ぜひ実践したいのが、厚生年金に加入していた会社を退職するときには、必ず医者にかかっておくという鉄則です。

障害年金の場合、先述のSさんのケースをみてもわかるように、特定の病気やケガによる障害が認定基準を満たしていると診断された時点では、厚生年金に加入していなくても、その病気やケガによる症状で最初に医者にかかった日（＝初診日）に厚生年金に加入していればＯＫです。

つまり、現在は国民年金のみ加入の人でも、厚生年金から給付を受けることが可能なので

す。

調子が悪いなと思ったら、退職前に、専門医にかかっておくことが大切といえるでしょう。退職後に、傷病がみつかって障害認定されたとしても、厚生年金に加入していたときに、その障害に関係する傷病での初診日が証明されなければ、厚生年金からの給付はなくなってしまうのです。

ちなみに、遺族厚生年金でも、本人死亡時には厚生年金に加入していなくても、厚生年金に加入しているときの病気やケガが原因で5年以内（初診日から）に死亡したときにも、厚生年金の支給対象になることも覚えておいてください。

## 保険料の未納は回避する

遺族年金と障害年金の鉄則は、もしものときに受給資格をちゃんと確保するために、過去1年間の保険料未納はできるだけ回避することです。

生命保険や個人年金を払ったために手元のお金がなくなってしまって、国民年金を未納にするなどというのは、文字通り「本末転倒」の極みです。

優先順位からいえば、障害年金や遺族年金も含めると、少ない掛け金で、民間の保険よりも大きな保障が得られる公的年金のほうが高いはず。

「いや、とてもそんな余裕ないよ」という人は、次章で解説する保険料免除申請をしておくのが鉄則です。「低所得でないと免除は認められない」というのは単なる思い込み。扶養家族がいる場合などは、普通に働いて収入を得ていても、あっさり免除が下りることもめずらしくないからです。

運よく全額免除が認められると、遺族年金、障害年金ともに、保険料負担が実質ゼロで、公的年金にオマケでついている生命保険メリットや、働けなくなったときの所得保障メリットが得られるわけですから、この点もしっかり頭に入れておきたいところです。

## 傷病手当が1年半までカバー

もしも働けなくなったりしたら、たちまち収入が途絶えてしまうと不安を抱く人は少なくないはず。

障害年金は、「初診日から1年6カ月を経過した日に、各障害年金の基準となる状態である」という要件を満たしていなければ、受給資格はありませんので、1年半は、少なくともなんの保障もないまま生活していかねばなりません。

でも、心配無用です。年金制度でポッカリ空いたこの空白部分を埋めてくれる給付もあるからです。

それが健康保険の「傷病手当金」。業務外で起きた病気やケガで3日以上連続して働けない日が続いたら、4日め以降、働けなかった日について、それまでもらっていた給与の3分の2を支給してくれます。これがもらえる期間が、最初に給付を受けてから最長1年と6カ月なのです（業務が原因の場合は、労災保険が適用）。

## 傷病手当金とは？

健康保険に加入している人が、病気やケガで働けなくなって休業中に会社から給与が出ないときに、それまでもらっていた給与の3分の2が支給される制度。

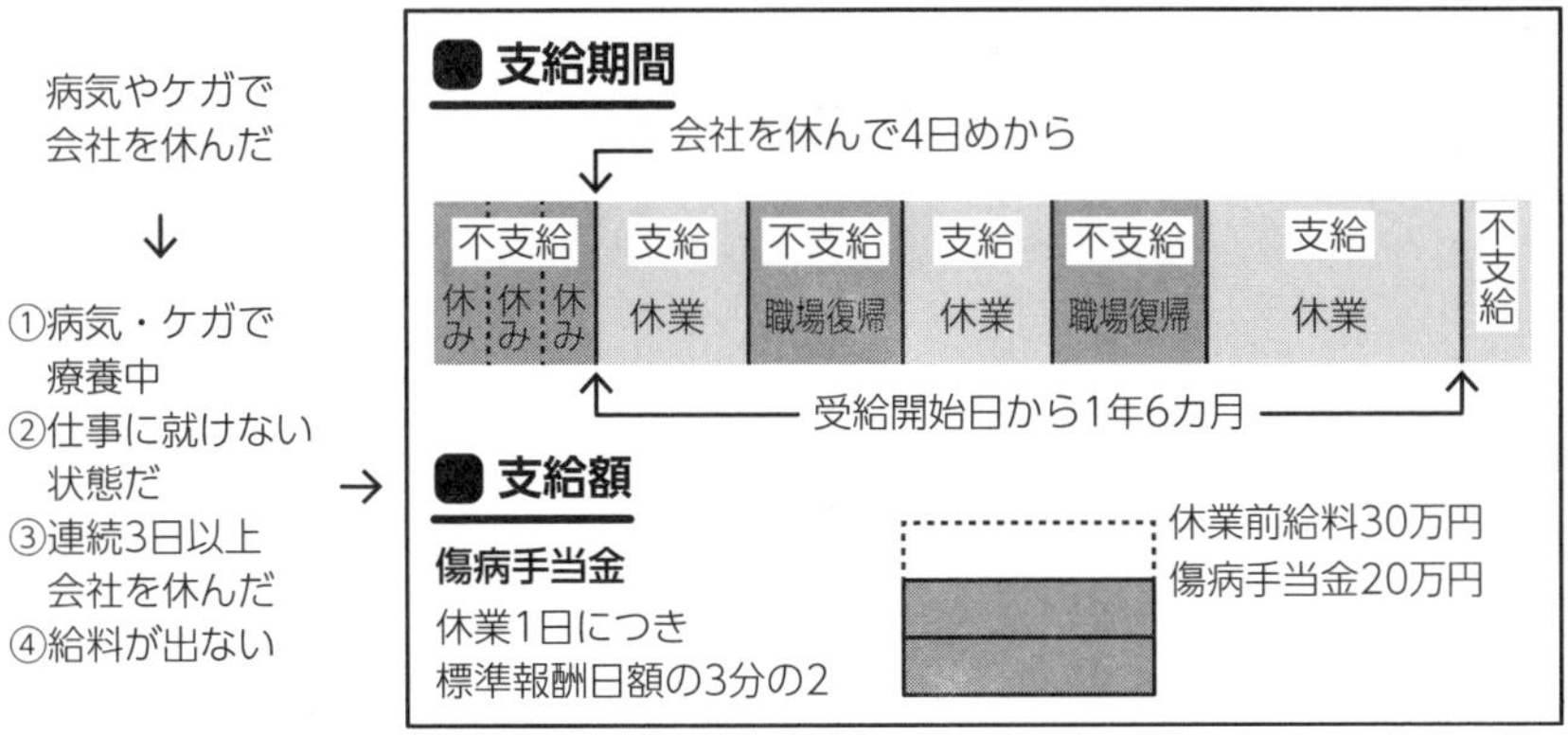


ということは、健康保険の傷病手当金をもらいきってもなお、働けない状態が続いたときには障害年金がカバーしてくれるわけですから、鬼に金棒です。

ちなみに、健康保険の傷病手当金は、会社に勤務していて健康保険に加入さえしていれば、誰でももらえます。

ただし、自営業者や非正規で社保なし勤務の人が加入する国民健康保険には、傷病手当金はありません。

# 13 民間保険よりも年金知識が100倍威力を発揮する理由

障害者というと、身体の一部分を自由に動かすことが困難な身体障害者をイメージしがちです。なので、障害年金をもらえる人も、そのような身体的なハンデを背負った人だけが対象になると誤解している人も多いでしょう。

実は、初診日から1年半経過しても、なおふつうに生活することが困難とみなされる一定の症状が残っていれば、半身不随などの身体障害者ではなくても、障害年金はもらえるのです。

たとえば、ガンや糖尿病、脳溢血などを患って長期間療養を余儀なくされた場合も、もちろん、障害年金の対象なのです。

また、仕事上のストレスによるうつ病など、精神的なダメージを受けて長期療養した場合でも、障害年金の対象になるのは、まったく同じです。

なぜか、こうしたことはあまり知られていません。申請しても、なかなか認定されないのではないかと思われるかもしれませんが、最近は、障害年金の申請に詳しい社会保険労務士が、申請手続きをサポートしてくれます。

手続きそのものよりも、障害年金という制度についての知識が決定的に不足しているために、多くの人が受給できないのが現実です。

日常生活に支障をきたす病気やケガになってから申請しようとしても、国民年金保険料を長期間未納にしていたり、厚生年金に加入していたのに、その症状で医者にかかった初診日が特定できなかったことが原因で、申請しても下りなかったというようなケースが多いといわれています。

ですので、障害年金については、事前に支給要件などを詳しく知っておくことが重要です。その知識が、もしものときに備える最強の保険になるといえるでしょう。

| | 障害の状態 |
|---|---|
| 障害の程度3級（厚生年金保険のみ） | 1. 両眼の視力が0.1以下に減じたもの<br>2. 両耳の聴力が、40センチメートル以上では通常の話声を解することができない程度に減じたもの<br>3. そしゃくまたは言語の機能に相当程度の障害を残すもの<br>4. 脊柱の機能に著しい障害を残すもの<br>5. 一上肢の三大関節のうち、二関節の用を廃したもの<br>6. 一下肢の三大関節のうち、二関節の用を廃したもの<br>7. 長管状骨（上腕、前腕、大腿、下腿の管状の骨）に偽関節を残し、運動機能に著しい障害を残すもの<br>8. 一上肢のおや指およびひとさし指を失ったものまたはおや指もしくはひとさし指を併せ一上肢の三指以上を失ったもの<br>9. おや指およびひとさし指を併せ一上肢の四指の用を廃したもの<br>10. 一下肢をリスフラン関節（足趾の一番付け根、土踏まずの前方）以上で失ったもの<br>11. 両下肢の十趾の用を廃したもの<br>12. 前各号に掲げるもののほか、身体の機能に、労働が著しい制限を受けるか、または労働に著しい制限を加えることを必要とする程度の障害を残すもの<br>13. 精神または神経系統に、労働が著しい制限を受けるか、または労働に著しい制限を加えることを必要とする程度の障害を残すもの<br>14. 傷病が治らないで、身体の機能または精神もしくは神経系統に労働が制限を受けるか、または労働に制限を加えることを必要とする程度の障害を有するものであって、厚生大臣が定めるもの |

| | |
|---|---|
| 障害手当金（厚生年金保険のみ） | 1. 両眼の視力が0.6以下に減じたもの<br>2. 一眼の視力が0.1以下に減じたもの<br>3. 両眼のまぶたに著しい欠損を残すもの<br>4. 両眼による視野が二分の一以上欠損したものまたは両眼の視野が10度以内のもの<br>5. 両眼の調節機能および輻輳（ふくそう）機能に著しい障害を残すもの<br>6. 一耳の聴力が、耳殻に接しなければ大声による話を解することができない程度に減じたもの<br>7. そしゃくまたは言語の機能に障害を残すもの<br>8. 鼻を欠損し、その機能に著しい障害を残すもの<br>9. 脊柱の機能に障害を残すもの<br>10. 一上肢の三大関節のうち、一関節に著しい機能障害を残すもの<br>11. 一下肢の三大関節のうち、一関節に著しい機能障害を残すもの<br>12. 一下肢を3センチメートル以上短縮したもの<br>13. 長管状骨（上腕、前腕、大腿、下腿の管状の骨）に著しい転移変形を残すもの<br>14. 一上肢の二指以上を失ったもの<br>15. 一上肢のひとさし指を失ったもの<br>16. 一上肢の三指以上の用を廃したもの<br>17. ひとさし指を併せ一上肢の二指の用を廃したもの<br>18. 一上肢のおや指の用を廃したもの<br>19. 一下肢の第一趾または他の四趾以上を失ったもの<br>20. 一下肢の五趾の用を廃したもの<br>21. 前各号に掲げるもののほか、身体の機能に、労働が制限を受けるか、または労働に制限を加えることを必要とする程度の障害を残すもの<br>22. 精神または神経系統に、労働が制限を受けるか、または労働に制限を加えることを必要とする程度の障害を残すもの |

## どういう状態になったら、障害年金の対象になる？

**障害等級表**　※身体障害者手帳の等級とは異なる

| | 障害の状態 |
|---|---|
| 障害の程度1級 | 1. 両眼の視力の和が0.04以下のもの<br>2. 両耳の聴力レベルが100デシベル以上のもの<br>3. 両上肢の機能に著しい障害を有するもの<br>4. 両上肢のすべての指を欠くもの<br>5. 両上肢のすべての指の機能に著しい障害を有するもの<br>6. 両下肢の機能に著しい障害を有するもの<br>7. 両下肢を足関節以上で欠くもの<br>8. 体幹の機能に座っていることができない程度または立ち上がることができない程度の障害を有するもの<br>9. 前各号に掲げるもののほか、身体の機能の障害または長期にわたる安静を必要とする病状が前各号と同程度以上と認められる状態であって、日常生活の用を弁ずることを不能ならしめる程度のもの<br>10. 精神の障害であって、前各号と同程度以上と認められる程度のもの<br>11. 身体の機能の障害もしくは病状または精神の障害が重複する場合であって、その状態が前各号と同程度以上と認められる程度のもの |
| 障害の程度2級 | 1. 両眼の視力の和が0.05以上0.08以下のもの<br>2. 両耳の聴力レベルが90デシベル以上のもの<br>3. 平衡機能に著しい障害を有するもの<br>4. そしゃくの機能を欠くもの<br>5. 音声または言語機能に著しい障害を有するもの<br>6. 両上肢のおや指およびひとさし指または中指を欠くもの<br>7. 両上肢のおや指およびひとさし指または中指の機能に著しい障害を有するもの<br>8. 一上肢の機能に著しい障害を有するもの<br>9. 一上肢のすべての指を欠くもの<br>10. 一上肢のすべての指の機能に著しい障害を有するもの<br>11. 両下肢のすべての指を欠くもの<br>12. 一下肢の機能に著しい障害を有するもの<br>13. 一下肢を足関節以上で欠くもの<br>14. 体幹の機能に歩くことができない程度の障害を有するもの<br>15. 前各号に掲げるもののほか、身体の機能の障害または長期にわたる安静を必要とする病状が前各号と同程度以上と認められる状態であって、日常生活が著しい制限を受けるか、または日常生活に著しい制限を加えることを必要とする程度のもの<br>16. 精神の障害であって、前各号と同程度以上と認められる程度のもの<br>17. 身体の機能の障害もしくは病状または精神の障害が重複する場合であって、その状態が前各号と同程度以上と認められる程度のもの |

（備考）視力の測定は、万国式試視力表によるものとし、屈折異常があるものについては、矯正視力によって測定する。

4章

# 困ったときの国民年金未納マニュアル

# 序

# 紙切れ1枚提出するだけの免除・猶予

物流会社の契約社員として働くKさん（35歳）は、フルタイム勤務なのに会社が社保の加入手続きをしてくれないため、個人で国民年金と国民健康保険を毎月納めてきました。

しかし、この春から、どういうわけか突然、勤務日数が大きく減ったため、給与が激減してしまいました。

手取り15万円を切る月もあるなかで、国民年金だけでも毎月1万6000円も払うのが次第に重荷に感じられるようになってしまいました。

彼はいったい、どうしたらいいのでしょうか。


国民年金保険料が高くて払えない。そう感じる人は、迷うことなく保険料の免除申請をするべきです。

国民年金には、障害年金や生活保護を受けている人を対象に保険料を免除する「法定免除」がありますが、それとは別に、経済的に保険料を納めることが困難な人が自ら申請する申請免除の制度も設けられています。

「免除を申請」というと、極端に生活に困っている人でないと認められないだろうし、第一、役所へ行って「保険料が払えないんですが……」なんていうのは恥ずかしいと思ってる人が多いかもしれません。

でも、それはとんでもない誤解です。

第一に、保険料免除（または猶予）となる基準は、みなさんが考えているよりもずっと低く、申請するとあっさり通ることもめずらしくありません。

また、一口に「免除」といっても、全額免除だけでなく、一部免除などハードルの低い免除もあります。なので、全額免除は無理でも、半額免除であれば認められるケースもめずらしくありません。さらに学生や親と同居している若者なら、納付を猶予してくれる制度もあり、こちらも要件はかなり緩和されています。

いますぐ免除申請をしておくべき理由としては、なんの手続きもせずに、保険料を滞納や未納にしておくと、超おトクな公的年金のメリットをすべて放棄してしまうことになって大損だからです。

具体的に言えば、遺族年金や障害年金。いずれも、保険料の免除もしくは猶予が正式に認められれば、保険料負担なしで、もしものときの保障を得られます。

これらの制度には、加入者が負担する分とは別に、国庫負担分があるため、そこを財源とし

### 保険料“免除・猶予”と“未納”の違いは？

| | | 納付 | 全額免除 | 一部免除※1 | 納付猶予<br>学生納付特例 | 未納 |
|---|---|---|---|---|---|---|
| 障害・遺族基礎年金はもらえるか？ | | ○ | ○ | ○ | ○ | × |
| 老齢基礎年金 | 受給資格期間に算入されるか？ | ○ | ○ | ○ | ○ | × |
| | 年金額に反映されるか？※2 | ○ | △ | △ | × | × |
| | 反映率 | 1 | 1/2 | 5/8〜7/8 | 0 | 0 |

**保険料をただ未納しているのとは違い、“免除・猶予”なら、障害・遺族基礎年金も受給できるうえ、その期間は受給資格期間にも参入される。さらに“免除”は、それが認められた期間、納付割合に応じて、一部年金額にも反映される。**

※1　一部免除承認後の保険料を納付していることが必要。
※2　国民年金の財源は、2分の1が国庫負担。納付または一部免除の場合は、国庫負担分に加えて国民年金保険料の納付割合に応じた額が年金額になる。

た分の給付は、保険料を免除・猶予されている人でも受けられるわけです。

ところが、どちらも保険料を長期（過去1年以上）にわたって滞納・未納している人には給付しないという制度になっています。

要は、紙切れ1枚の申請を出している人とそうでない人とでは、とてつもなく大きな差がついてしまうということですね。

障害年金などは、もしものときには、トータルで何百万円もの給付を受けられますので、「めんどくさい」なんて言わずに、保険料を長期滞納している人は、迷うことなく申請をしておくべきです。

## 1 年収いくらまでなら、保険料の全額免除が認められる？

保険料が全額免除となる所得の基準は、次の計算式で求めます。

**（扶養親族の数＋1）×35万円＋22万円**

税金の基礎控除（生活に最低限必要な金額には課税しないという主旨の控除）にあたる35万円を、本人と扶養家族の人数を掛けた金額に一世帯当たり22万円を足した額までなら、全額免除は認められます。

これがどのくらいのものなのか。次ページの図をみてください。国民年金保険料の全額免除が認められる基準を図にしたものです。

単身者を例にみていきますと、前年の所得が57万円までなら保険料は全額免除です。「57万円以下なんて、究極の困窮生活」と思われたかもしれませんが、この基準は「収入」ではなく、あくまでも「所得」なのがポイント。

## 保険料が全額免除となる所得基準

(扶養親族の数＋1)×35万円＋22万円

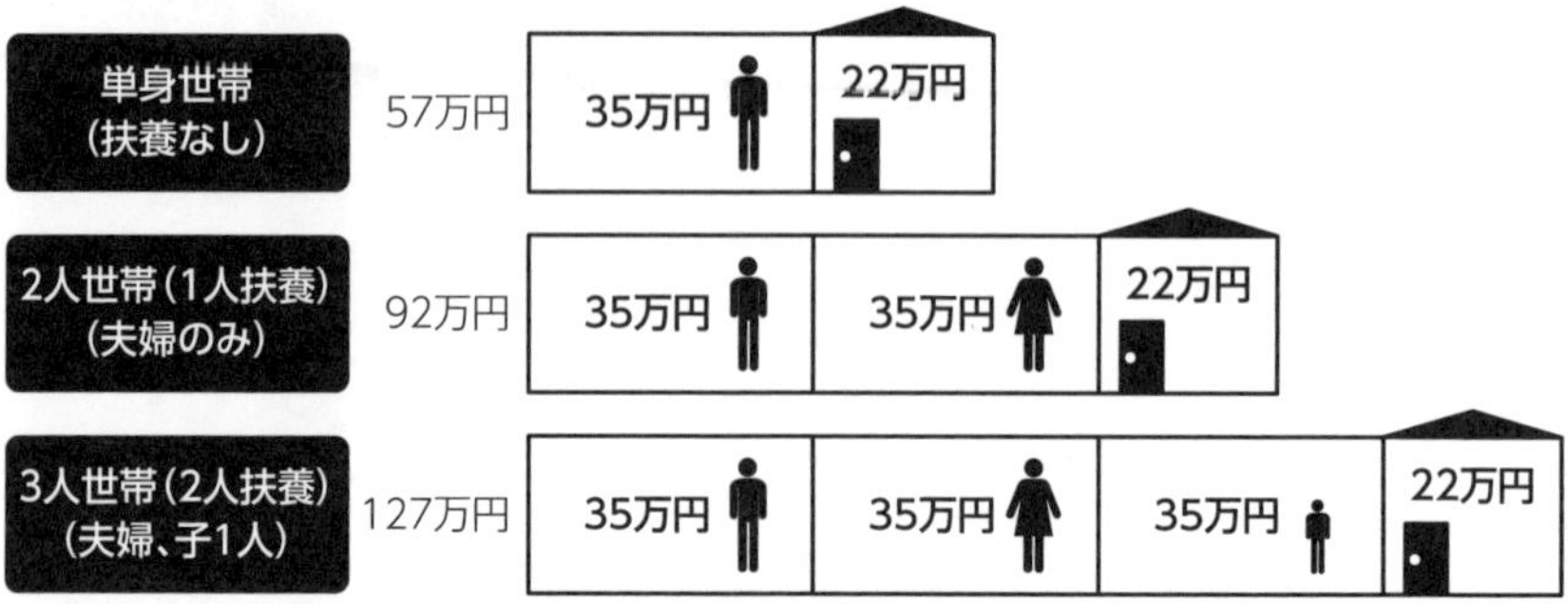


国民年金保険料の全額免除が認められる基準額は、世帯に属する1人あたり35万円に世帯の人数をかけ、それに1世帯あたり22万円を足した額が設定されている。いずれの額も「収入」ではなく「所得」ベースで算出されるもので、給与収入の場合は、給与所得控除（給与所得者の必要経費にあたる）を引いた額をもとに算出される。

「所得57万円」を給与収入に換算すると、１２２万円です。つまり年収１２２万円。

自営業者ですと、所得は、収入からかかった経費を差し引いて求めますが、給与所得者の場合、この給与の人はこれだけの経費を認めましょうという「給与所得控除額」があらかじめ決まっています。

それを給与収入から引いたのが所得なのです。

単身者の「所得57万円」を「年収」に換算すると、サラリーマンの経費にあたる給与所得控除65万円を足した１２２万円になります。

一家の大黒柱が加入している社会保険（厚生年金と健康保険）の扶養家族と認められる年収１２９万円（１３０万円未満）よりも７万円少ないだけ。

ということは、親や配偶者が加入している健保の扶養家族だった人のほとんどは、国民年金の保険料が全額免除される可能性は大といいたいところですが、話はそう単純ではありません。

免除の審査にあたっては、本人だけではなく、現在同居している家族それぞれの所得も対象。つまり同居の家族全員が基準内でないと認められない（合算ではない）しくみになっています。

よって、健保に加入して一人前に稼いでいる世帯主などが、同居家族にひとりでもいれば、基準を満たしていないとして免除申請は却下されてしまうわけです。

逆に、親とは別居した状態で一人暮らしをしている人が年収122万円以下なら、国民年金保険料は全額免除されるということです。

未婚でこの要件を満たしている人の場合は、免除申請を行なうことによって、実質的に専業主婦（夫）に認められる国民年金の第3号被保険者と似たようなメリットが得られるといえます。

ただし、将来受給するとき、専業主婦（夫）向け〝3号〟は、国民年金を全額納付したこととして扱ってくれるのとは違って、保険料全額免除が認められた人の場合は、半額納めたものとしてしか扱ってくれません。

なので、1円も納めずに将来満額もらえる3号に比べたら、お得感はやや薄れます。それでもただ放置しておくよりは、はるかにおトクなことは間違いありません。

## 2 世帯年収700万円でも保険料が半額免除になるしくみ

国民年金の保険料が免除になる基準を詳しくみてみると、妻帯者の場合は、かなりハードルが低く設定されていることがわかります。

左ページの表をみてください。

夫婦2人で年収157万円（92万円）、夫婦2人＋子供1人で年収207万円（127万円）、夫婦2人＋子供2人で257万円（162万円）となっています（カッコ内は所得ベースでの基準額）。

いずれも、所得の金額はかなり対象範囲が狭い印象ですが、年収に換算すると、決してありえない金額ではないことがわかります。

もちろん、こちらも世帯全員がこの要件を満たしていることが必要です。

さらにこの免除には、全額免除のほかに、4分の3免除（4分の1納付）、半額免除（半額納付）、4分の1免除（4分の3納付）と3種類のバリエーションがあります。

## 年収いくらなら、国民年金保険料が免除になる？

国民年金保険料全額免除基準

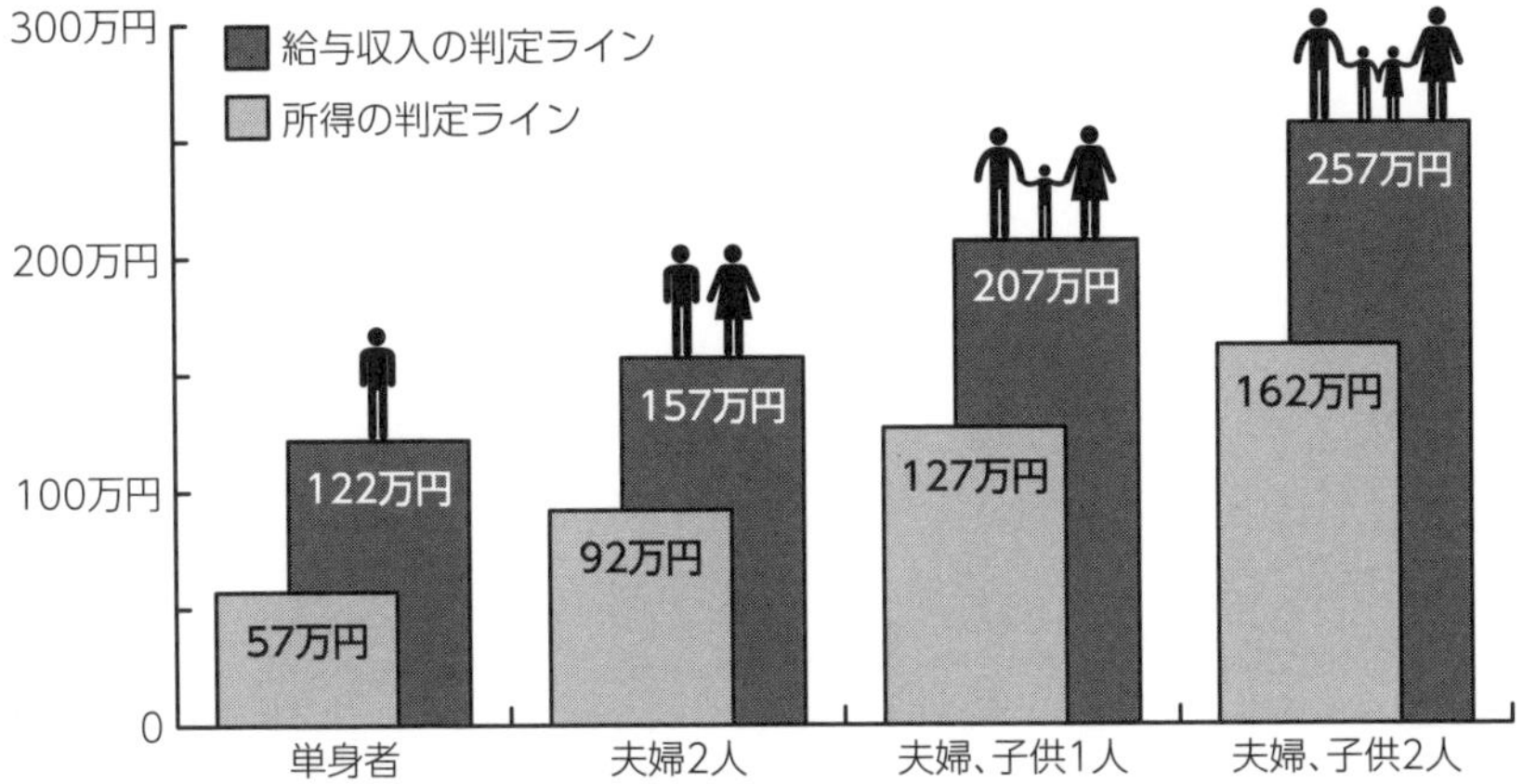


厚労省の試算によれば、単身者で57万円、夫婦2人世帯で92万円、夫婦と子供1人で127万円となっている。これらの数字は、いずれも年間の所得額でみているため、給与収入に直すと、上の図のようになり、その判定ラインのハードルは意外に低いことがわかる。

全額免除以外にも、保険料免除には、さまざまなパターンがあるのですが、比較的わかりやすいのが半額免除（半額納付）です。免除基準は、以下の計算式で求めます。

**118万円＋扶養親族等控除額＋社会保険料控除額等**

全額免除の場合、給与所得控除プラス一世帯あたり22万円のほかは、本人および扶養家族の人数分の控除（1人35万円）のみしか認められませんでした。

それに対して半額免除は、社会保険料控除なども計算対象として合算できるのが最大の特徴です。

単身者なら227万円（141万円）、夫婦2人304万円（195万円）、夫婦2人＋子供1人366万円（239万円）、夫婦2人＋子供2人420万円（282万円）と、半額免除が認められるハードルはかなり低く設定されていることがわかります（カッコ内は所得ベースの額）。

夫婦どちらかでも、この基準をオーバーしていたら、2人ともアウトですが、どちらも年収350万円で、世帯年収700万円の子のいる世帯の場合は、半額免除がすんなり通ってしまう可能性大なのです（その他の控除にもよるが、社会保険料をかなり安めに設定した試算なので、これらの基準を多少オーバーしても認められる可能性はある）。

## 一部免除の対象となる所得基準は？

申請者、世帯主、配偶者の前年所得※が、次の式で算出した金額以下

- 4分の3免除 → 78万円 ＋ 扶養親族等控除額**B** ＋ 社会保険料控除額**A**
- 半額免除 → 118万円 ＋ 扶養親族等控除額**B** ＋ 社会保険料控除額**A**
- 4分の1免除 → 158万円 ＋ 扶養親族等控除額**B** ＋ 社会保険料控除額**A**

※ 所得＝収入－必要経費

A＝雑損控除額、医療費控除額、社会保険料控除額など
　障害者1人につき27万円、寡婦または寡夫27万円、勤労学生27万円
B＝老人控除対象配偶者または老人扶養親族1人につき48万円、
　そのほかの扶養親族1人につき38万円

## 一部免除 世帯構成別の所得（収入）のめやす

| | 4分の3免除 | 半額免除 | 4分の1免除 |
|---|---|---|---|
| 単身世帯 | 93万円<br>(158万円) | 141万円<br>**(227万円)** | 189万円<br>(296万円) |
| 2人世帯<br>(夫婦のみ) | 142万円<br>(229万円) | 195万円<br>**(304万円)** | 247万円<br>(376万円) |
| 3人世帯<br>(夫婦＋子1人) | 199万円<br>(310万円) | 239万円<br>**(366万円)** | 279万円<br>(415万円) |
| 4人世帯<br>(夫婦＋子2人) | 230万円<br>(354万円) | 282万円<br>**(420万円)** | 335万円<br>(486万円) |

- （　）内の収入は、そのすべてが給与所得であった場合を仮定して計算
- 一部免除の「めやす」は、社会保険料（国民年金、国民健康保険および介護保険）について、一定の金額を納付していると仮定して計算
- 社会保険料が最新のものよりも安く設定されているため、実際には、これらの基準を少し上回っていても一部免除が認められるケースもあるものと思われる

# 3 払わずもらえる国民年金の保険料免除制度のしくみ

では、保険料の免除が認められた場合、将来の年金額はどうなるのでしょうか？

まず、全額免除からみていきますと、その期間、たとえ1円も保険料を払っていなくても、将来、年金を受給するときには、保険料を半額だけ納めたこととして扱ってくれます。

これは、公的年金の給付は、加入者が納めた保険料による年金財政だけでなく、国庫負担、つまり税金が投入されているからです。

免除を申請して認められた人に対しては、その国庫負担分は、ほかの人と不公平にならないように、ちゃんと年金として支給してくれるしくみになっているのです。

では、半額免除など、一部免除の場合は、どうなるのでしょうか。

こちらも理屈は同じで、税金で負担している部分については、その納付割合に応じてあとから払ってくれるのです。

たとえば、半額免除なら、「8分の6」（4分の3）納めたこととして計算してくれます。全額免除が保険料を1円も負担することなく「半額（8分の4）納めたことにしてくれる」のに

### 免除された国民年金は、将来どうなる？

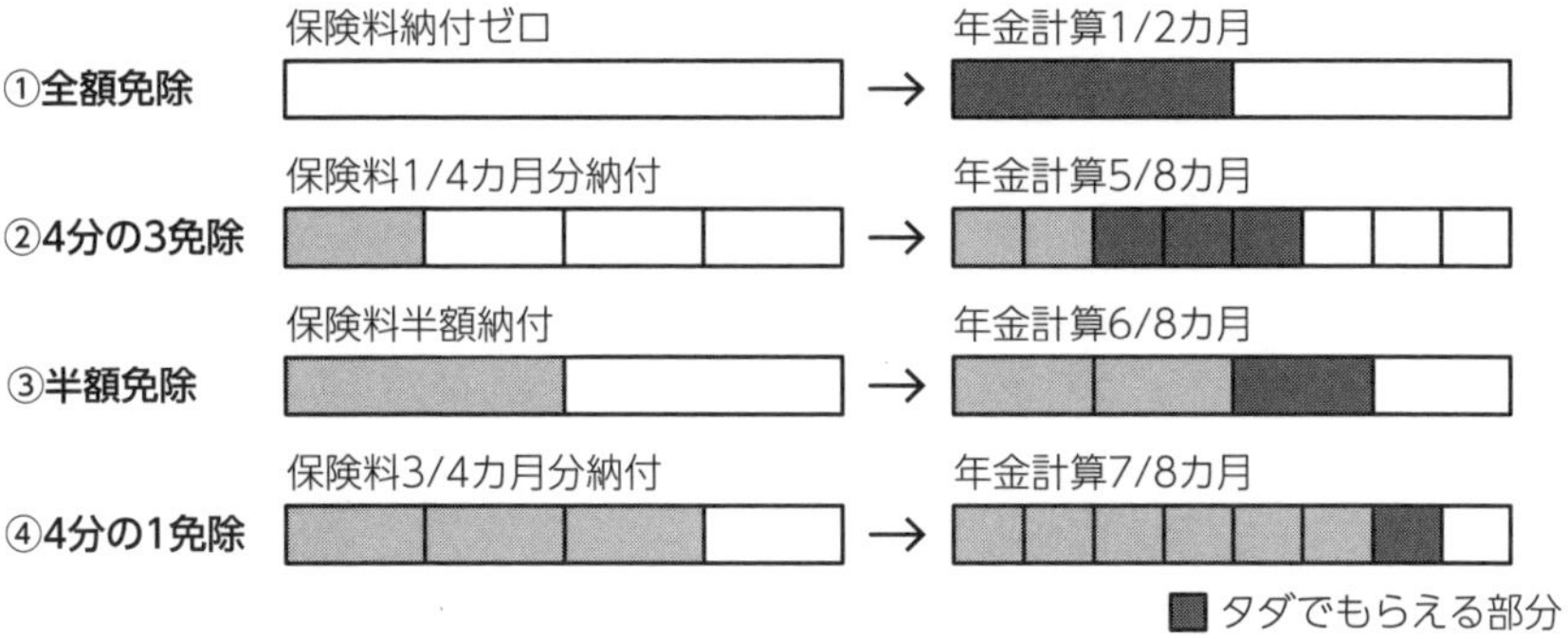


**保険料を全額または一部免除された場合、将来、年金を受給するときには、免除割合がそのまま反映されるわけではなく、納めなかった一部分を国が負担してくれる。たとえば全額免除されると、1円も納めていないにもかかわらず、半額納めたことにしてくれたり、半額免除では8分の6（4分の3）納めたことにしてくれる。これは、国民年金の給付は、保険料で賄う年金財政とは別に、国が税金で負担している部分があるため。**

比べると、おトク感は薄れるものの、毎月１万６０００円納めないといけないところが、８０００円ほどで、将来、満額納付の４分の３の給付額を得られるとなると、苦しい家計のなかで、かなり助かりますよね。

なお、国民年金保険料免除には、全額免除と半額免除のほかにも、４分の１免除、４分の３免除も入れると４パターンがありますので、とりあえず免除申請してみるのが先決。役所で、免除の要件を満たしているか、もし満たしているとしたらどの免除に該当するかを判定してくれます。

難しく考えなくても、あとは、その通知に従えばいいだけです。

ちなみに、なんの手続きもせずに、保険料を納めない「未納」のままだと、将来年金を受給するときに、国庫負担分が１円ももらえなくなってしまいます。

# 4 親と同居している人でも認められる「納付猶予制度」とは？

親や兄弟と同居していると、申請者本人は楽々、免除基準をクリアしているのに、同居の家族の収入が基準をオーバーしているとして、申請が却下されてしまうケースがあります。

それは、〝免除〟の審査対象が世帯全員だからです。本人が無収入であっても、同じ世帯に属する両親や兄弟などのなかに、1人でも所得基準を超えている者がいると、それだけで却下されてしまうわけです。いわば連帯責任。

そこで注目したいのが、経済的な理由で保険料を納めることが困難な人向けに、保険料納付を待ってくれる保険料納付猶予制度です。

2016年度までは「30歳未満」の若年者を対象とした制度でしたが、現在は、一般向けに「50歳未満」を対象にした「納付猶予」（猶予）となっています。

基準となる所得は〝免除〟と同じなのですが、運用が大きく異なります。

〝猶予〟に関しては、〝免除〟のように「同じ世帯に属する家族全員が所得基準を満たしている」ことは求められていません。

### 保険料納付猶予の要件とは？

1　**対象者**

- 年齢が20歳から50歳未満
- 本人・配偶者の前年所得（1月から6月までに申請する場合は前々年所得）が一定額以下の場合
- **本人が申請書を提出して申請**

2　**所得の基準**

前年所得が以下の計算式で計算した金額の範囲内であること

**（扶養親族等の数+1）×35万円＋22万円**※

※全額免除と同じ基準だが、審査対象は本人と配偶者のみに限定（全額免除は、世帯に属する家族全員の所得が審査対象になる）

### 国民年金保険料の学生納付特例制度とは？

1　**対象者**

- 日本国内に住む20歳以上の学生

2　**所得の基準**

**118万円＋扶養親族等の数×38万円＋社会保険料控除等**

同一世帯に属するほかの家族の所得は問われない

※学生とは、大学（大学院）、短期大学、高等学校、高等専門学校、特別支援学校、専修学校および各種学校（一部の海外大学の日本分校に在学する人で 夜間・定時制課程や通信課程も含まれる）
※各種学校とは、修業年限が1年以上の課程に在学している人に限る（私立の各種学校については都道府県知事の認可を受けた学校に限られる）
※海外大学の日本分校とは、日本国内にある海外大学の日本分校等であって、文部科学大臣が個別に指定した課程

一般向けの「50歳未満」の納付猶予は、本人と配偶者のみを対象に審査されます。なので、わりとすんなり申請が通るのです。

ちなみに学生の場合は、この一般向けの猶予とは別に、20歳以上の学生を対象にした「学生納付特例」（学特）という制度が設けられています。

# 5 免除・猶予が未納よりも100倍有利な理由

申請して認められれば、その期間、国民年金の保険料を納付しなくてもよくなる〝猶予〟の実質的なメリットは〝免除〟と同じです。〝免除〟と大きく異なるのは、将来年金を受給するときの扱いです。

〝免除〟では、税金で賄われている部分については、納付したものとして扱われましたが、〝猶予〟には「払わずもらえる」部分はありません。認められたすべてが、いわゆる「カラ期間」と呼ばれる期間になります。

また、〝猶予〟は、将来年金を受給するときの受給資格期間には算入されます。ですから65歳になったとき、「保険料を7年しか納めていないので、年金がもらえない」となったとき、何の申請もしていなかった人は、あと3年以上、保険料を払い続けないと受給できませんが、〝猶予〟の申請を計3年以上していた人は、そこで待たなくても、すぐに受給開始となるわけです。

もっとも、受給資格期間が25年以上だった頃は「あと○年足りないので全額掛け捨てになっ

### 免除・猶予期間も受給資格期間に算入される

| | | |
|---|---|---|
| 保険料納付済期間 | 免除・猶予期間 | 合算対象期間<br>(カラ期間) |

合わせて10年以上なら国民年金を受給できる

### 〝免除〟と〝猶予〟の違いは？

| 全額免除または一部免除 | 納付猶予 |
|---|---|
| **老齢基礎年金**<br>受給資格期間へ算入され、<br>将来の年金額にも一部反映される | **老齢基礎年金**<br>受給資格期間へ算入されるが、<br>将来の年金額には反映されない |
| **障害基礎年金・遺族基礎年金**<br>ケガや病気で障害や死亡といった不慮の事態が発生した場合、<br>障害基礎年金や遺族基礎年金を受給できる | |

てしまう」ピンチを救済するカラ期間は、絶大なる効力を発揮しました。

それが、受給資格期間が「10年以上」と半分以下に短縮されたいまとなっては、「あと数年」なら、受給資格期間を満たすまで保険料を納め続けたほうが年金額も増えておトクなケースも少なくありません。

だったら、あまり意味がないのではと思われるかもしれませんが、〝猶予〟も〝免除〟同様に、もしものときに、障害年金や遺族年金の対象になるのは変わりません。

なにもしないでただ保険料を滞納や未納にしておくと、もしものときに、これら国営保険のメリットを一切受けられないのです。そのことはしっかりと頭にたたき込んでおいてください。

## 6 失業したら、誰でもゲットできる全額免除

たとえ前年に年収が700万円あっても、保険料免除が認められるケースもあることを知っていますか?

それは、「現在、失業中」の人です。

「失業したとき」に限っては、前年の年収は一切関係なく審査されることは、残念ながらあまり知られていません。

そのため、なんの申請もせず未納のままにする人があとをたちません。「転職までの数カ月だからいいや」とタカをくくっていると、思いのほか長引くことも。結果、将来受給するときの年金額が大きく減って損することになりかねないのです。

手続きは、「失業した」ことを証明する書類（雇用保険の離職票の写し等）を免除の申請書に添えて提出するだけ。比較的カンタンに「全額免除」が許可されるようになっています。

失業による免除申請には、意外なメリットがひとつあります。それは「退職後に雇用保険を受給できる場合」でも、保険料免除審査には直接影響しないこと。つまり、失業手当をもらっ

## 失業による特例免除とは？

| | 審査対象 | 審査対象 | 審査対象 |
|---|---|---|---|
| 一般の免除 | 申請者本人の所得 | 申請者の配偶者の所得 | 世帯主の所得 |
| 失業による特例免除 | ~~申請者本人の所得~~ | 申請者の配偶者の所得 | 世帯主の所得 |

**失業して保険料の納付が困難になった場合に申請できるのが〝失業による特例免除〟。審査にあたっては、申請者本人の前年度の所得を除外して判定してくれる。ただし、配偶者や世帯主の所得は、審査対象になる。認められるのは最長2年。**

ていてもＯＫ。

専業主婦（夫）が保険料無料で国民年金に加入できる第３号被保険者の認定は、雇用保険収入を含めて年収見込みが１３０万円あるとアウトなのとは対照的です。

また、リストラなど会社都合で退職した人は、国民健康保険の保険料も大きく減免される救済措置が設けられていることも知っておいてください。

なので、失業して国民年金の免除申請をする人は、同時に国保の減免手続きもしておきたいところです。

ただし、注意したいのは、国保のほうは、自己都合退職者は減免対象外という点。会社都合または期間満了など非自発的退職でないと、保険料は安くなりません。

離職票に記載された退職理由が事実と異なっていたら、雇用保険の受給手続き時に異議申し立てすべきです（拙著『失業保険１５０％トコトン活用術』参照）。

もし国民年金の免除と国保の減免の両方が認められたら、それだけでも数万円～数十万円（失業が長期化した場合）もおトクです。

# 7 〝免除〟〝猶予〟は、一刻も早く申請する

免除・猶予申請の具体的な手続きは、「国民年金保険料免除・納付猶予申請書」という書類を1枚、最寄りの年金事務所または市役所の国民年金課へ提出するだけです。

書式は、日本年金機構のサイトからダウンロードできますので、それに必要事項を記載して、郵送すればOK（年金事務所または市役所年金課でも配布）。

現在、失業している人、前年に失業していて収入が激減した人などは、雇用保険の被保険者証または離職票の写しなどを申請書に添付しないといけませんが、単に前年の所得額によって申請する場合は、特に証明書の類は必要ありません。役所で申請者本人の申告所得データを照合して受理するかどうかが審査されます。

ただし、勤務先が年末調整をしてくれていなかったり、前年の所得が正しく反映されていない場合には、あらためて自分で確定申告をしないといけないかもしれません。

不明点があれば、事前に最寄りの年金事務所や市役所の国民年金課に出向いて相談するか、電話で問い合わせておくと、スムースに手続きができます。自分の事情を話して、4種類の免

## 保険料免除・納付猶予申請書の書き方

記入例

※免除・納付猶予の申請年度は7月から翌年6月までです。

### 国民年金保険料免除 ・ 納付猶予申請書

日本年金機構理事長　あて　　令和 ○○ 年 ○○ 月 ○○ 日

以下のとおり免除・納付猶予を申請します。
また、配偶者及び世帯主の記入に漏れがないこと、前年所得の記入内容に誤りがないことを申し立てします。
この申請に必要な本人、配偶者及び世帯主に関する情報（所得情報、生活保護受給情報等）の確認について、市区町村（前住所地等を含む）及び日本年金機構に委託します。

〒123-4567
（※）住所：○○市　○○町　○○ 1－2－3
被保険者氏名：国年　太郎　（印）
（被保険者本人が自署した場合は押印は不要です）

日本年金機構HP（https://www.nenkin.go.jp/）に国民年金保険料免除・納付猶予申請書の記載方法を説明する動画を掲載しておりますので、ぜひご覧ください。

「提出年月日・住所・被保険者氏名」欄（※）
○提出年月日をご記入ください。
○住民票の住所を記入してください。

申請前に、記入もれ、記入誤りがないかを再度ご確認ください。（記入もれや記入誤りが判明した場合は、書類の返戻やさかのぼって免除等の承認が取り消し等となります。）

基礎年金番号（１０桁）で申請する場合は「①個人番号（または基礎年金番号）」に左詰めで記入してください。

**A．基本情報**

| | | | |
|---|---|---|---|
| ①個人番号（または基礎年金番号） | 0 1 2 3 4 5 6 7 8 9 0 1 | ②電話番号 | ①.自宅　2.携帯電話　3.勤務先　4.その他　00－ 0000 －0000 |
| ③被保険者氏名 | （フリガナ）コクネン　タロウ<br>国年　太郎 | ④被保険者生年月日 | 5.昭和　⑦.平成　0 4 0 5 2 0 |
| ⑤配偶者氏名 | （フリガナ）コクネン　ハナコ<br>国年　花子 | ⑥配偶者生年月日 | 5.昭和　⑦.平成　0 4 0 8 1 0 |
| ⑦世帯主氏名 | （フリガナ）コクネン　イチロウ<br>国年　一郎 | ※ 世帯主氏名は被保険者または配偶者以外が世帯主である場合にご記入ください。 | |
| ⑧特記事項 | ◆ 税申告された住所地（申告年の1月1日時点等）が現住所地と異なる場合は、その住所を記入してください。<br>◆ 配偶者と住所が異なる場合は、配偶者の住所を記入してください。<br>◆ 申請期間中の世帯状況に変更（結婚・離婚・世帯主変更等）があった場合は、変更事由、対象者氏名および変更年月日等を記入してください。<br>平成31年1月1日時点本人住所　○○県○○郡○○町○―○<br>配偶者住所　○○県○○市○○町○―○<br>平成31年1月1日世帯主変更　前世帯主 国年 高子 | | |

配偶者および世帯主について
○今年度分を申請する場合は、現在の配偶者・世帯主を記入してください。
○過去の年度分を申請する場合は、その申請期間の末日時点の配偶者・世帯主を記入してください。
○世帯主氏名は、被保険者または配偶者以外が世帯主である場合に記入してください。
※ 配偶者については、別居中であっても記入してください。この場合、別居中の配偶者の住所を「⑧特記事項」欄にご記入ください。

**B．申請内容**

| | |
|---|---|
| ⑨免除等区分 | ◆ ⑨免除等区分は基本的に記入不要です。記入がない場合は、以下の免除等区分について1～5の順に全て審査します。審査を希望しない免除等区分がある場合は、該当する数字を「×」で抹消してください。<br>※ 「納付猶予」は、50歳未満の期間が対象となり、年金を受け取るために必要な期間に算入されます。「納付猶予」の審査順序を変更する場合は、その旨を「⑮備考」欄に記入してください。<br>1．全額免除（保険料全額を免除）　2．納付猶予（保険料納付を猶予）　3．4分の3免除（保険料1/4納付が必要）　4．半額免除（保険料1/2納付が必要）　5．4分の1免除（保険料3/4納付が必要） |
| ⑩申請期間 | 平成・（令和）　○　年度分 |
| ⑪税申告の有無（⑩の年度） | 被保険者：①.あり　2.なし　3.不明<br>配偶者：1.あり　②.なし　3.不明<br>世帯主：①.あり　2.なし　3.不明 |
| ⑫前年所得（⑩の前年） | 被保険者：1.なし　②.あり（57万円以下）　3.あり（57万円超）⇒ 16歳以上19歳未満の扶養親族（あり・なし）<br>配偶者：①.なし　2.あり（57万円以下）　3.あり（57万円超）⇒ 16歳以上19歳未満の扶養親族（あり・なし）<br>世帯主：1.なし　2.あり（57万円以下）　③.あり（57万円超）⇒ 16歳以上19歳未満の扶養親族（あり・（なし）） |
| ⑬特例認定区分（添付書類要確認） | 被保険者：1.失業　平成・令和　年　月　日 ⇒ 雇用保険加入（あり・なし）　2.天災等　3.その他（　　）<br>配偶者：1.失業　平成・令和　年　月　日 ⇒ 雇用保険加入（あり・なし）　2.天災等　3.その他（　　）<br>世帯主：①.失業　平成・（令和）○○年 ○ 月○○日 ⇒ 雇用保険加入（（あり）・なし）　2.天災等　3.その他（　　） |
| ⑭継続希望区分 | 1.「全額免除」または「納付猶予」が承認された場合は、翌年度以降も同じ免除区分での免除申請を希望します。（（はい）・いいえ）<br>2. 1で「はい」と回答した方に伺います。納付猶予が承認された次の年度において全額免除の審査基準に該当する場合、その年度以降は全額免除を希望しますか。（（はい）・いいえ） |
| ⑮備考 | 失業後の期間に限り申請　※ 失業等より前の期間についても免除等を希望する場合は記入しないでください。 |

「⑨免除等区分」欄
○審査を希望しない免除等区分がある場合のみ、該当する免除等区分の数字を「×」で抹消してください。

「⑩申請期間」欄
○免除・納付猶予を希望する年度を記入してください。
○免除・納付猶予での年度は、7月から翌6月までです。
（例：令和元年度分）
⇒令和元年7月分～令和2年6月分
※ なお、令和元年度分は、令和元年7月以降に申請することができます。
○過去期間は、申請書が受理された月から2年1カ月前（すでに保険料が納付済の月を除く）まで申請することができます。

| 記入例 | 申請期間 | 審査の対象となる前年所得 |
|---|---|---|
| 平成28年度分 | 平成28年7月～平成29年6月 | 平成27年中の所得 |
| 平成29年度分 | 平成29年7月～平成30年6月 | 平成28年中の所得 |
| 平成30年度分 | 平成30年7月～令和元年6月 | 平成29年中の所得 |
| 令和元年度分 | 令和元年7月～令和2年6月 | 平成30年中の所得 |

「⑪税申告の有無」欄
○「⑩申請期間」に記入した年度の前年所得について、税申告（住民税申告・確定申告等）を行っている場合は「1. あり」、行っていない場合は「2. なし」、分からない場合は「3. 不明」に○を記入してください。

「⑫前年所得」欄
○必ず記入してください。
○<所得＝（収入－必要経費）>です。
また、「3. あり（57万円超）」の場合は、税申告が必要になります。「⑪税申告の有無」が「2.なし」又は「3. 不明」の場合は、市区町村に税の申告又は申告状況の確認をしてください。なお、申告方法等の詳細については、お住まいの市区町村にご確認ください。

「⑬特例認定区分」欄
○失業・倒産・事業の廃止などを理由として申請するときは、該当年月日（離職日の翌日または事業を廃止等した日）を記入のうえ、失業前の雇用保険加入の（あり・なし）に○を記入してください。なお、証明書類（雇用保険受給資格者証または雇用保険被保険者離職票のコピーなど）を添付してください。
○災害（震災、風水害、火災など）を受けたために申請するときは、「2. 天災等」に○を記入してください。
○生活扶助以外の扶助、生活保護に相当する保護（外国籍の方）、特別障害給付金、配偶者の暴力から避難していることを理由として申請するときは、「3. その他」に○を記入したうえで、手続きの詳細についてお近くの年金事務所またはお住まいの市区町村の年金担当窓口へご相談ください。

「⑭継続希望区分」欄
○承認された全額免除または納付猶予を翌年度以降も引き続き希望する場合は、1の「はい」に○を記入してください。
○1で「はい」に○を記入し、その上で納付猶予が承認され、次の年度において全額免除の審査基準に該当する場合、①全額免除、②納付猶予の順で審査を行うことを希望するときは、2の「はい」に○を記入してください。
○（はい・いいえ）欄に「○」の記入がない場合は、「いいえ」を選択したものとみなします。
※ 全額免除を受けた期間は将来の老齢基礎年金額に反映されますが、納付猶予を受けた期間は老齢基礎年金額に反映されません。
※ 失業など所得要件以外の理由による申請や過去の年度分の申請の場合は継続申請の対象になりません。

「⑮備考」欄
○3枚目（本人控）裏面の注意事項の1. ⑹をご参照の上、該当する場合に記入してください。
○申請を希望する年度中の一部の期間（失業、離婚後、世帯分離後など）に限り申請する場合は、その旨を記入してください。
※ なお、一部の期間に限定した申請については、失業等の理由が発生した月の前月分から審査を行います。
○「⑨免除等区分」欄で「2. 納付猶予」の審査順序を変更する場合は、その旨を記入してください。
（例：4分の1免除の次に納付猶予を審査）

1905 1016 012

出所：日本年金機構

除のどれが該当するか、それとも納付猶予になるのかなどを聞いておけば、より安心でしょう。

## 申請1枚19・5万円の価値！

免除・猶予申請のコツは、とにかく一刻も早く提出することです（ただし、まもなく7月なら、7月になってから申請したほうが新年度分も一緒に申請可）。

というのも、免除・猶予ともに「時効」があり、申請できるのは、申請書が受理された月から2年1カ月前（すでに保険料を納付済みの月を除く）までと決まっているからです。

申請するのがズルズルと1日延ばしになってしまうと、あっというまに半年くらい経過して、将来年金を受給する頃には、何万円も損してしまいます。

**全額免除の場合、1年間の免除申請が認められるたびに将来の年金が1万円弱ずつ増えていくしくみ。85歳まで20年生きるとしたら、1年分の免除申請1枚19・5万円もの価値。申請が遅れて1年分が時効になると、それだけ損することに。**

また、手続きに手間どっている間に、万が一でも、障害が残るような事故や病気に遭遇してしまった場合、長期未納者として、障害年金が不支給となる可能性もあります。

なので、1日も早く申請だけはしておくのが鉄則です。もし書類に不備があれば、あとから修正したり、添付書類が不足していれば、こちらも後送すればいいだけ。

ちなみに、所得額で免除・猶予を申請した場合、一度認可されれば、翌年以降は、あらためて申請しなくても、そのつど前年所得をもとに審査されますので、手間いらずです。

# 8 一度の申請で3年1カ月分の免除を勝ち取る法

一度の免除申請によって、トータル3年分の免除が認められる場合があります。過去の分は最長2年1カ月（2年度分）まで、将来の分は申請した月から翌年6月までの最長1年間だからです。

たとえば、2020年7月に免除申請を出した場合、次のようになります。

《過去の分》
- 2019年度分（2019年7月〜2020年6月）
- 2018年度分（2018年7月〜2019年6月）
- 2017年度分（2018年6月〜2018年6月）

《将来の分》
- 2020年度分（2020年7月〜2021年6月）

こう書くと結構ややこしいのですが、ポイントさえつかめば、わりとすんなり頭に入ります。

第一に、年金免除における年度は、7月スタートの翌年6月エンドが1クールになっています。一般的な役所の年度「4月～翌年3月」よりも、3カ月後ろにズレていると覚えておくと便利です。

審査されるのは、過去2年分プラス1カ月ですから、前年度12カ月分と前々年度12カ月分の2年分と3年前の1カ月分をそれぞれ列挙すると、過去の分は3つの年度に分かれます。

## 7月申請が便利

さらに将来の分は、申請した月から翌年度末、つまり次に来る6月までの1年分です。

免除申請は「一刻も早く申請」が鉄則ですが、もうすぐ7月の新年度になる頃なら、新年度スタートを待って申請したほうがおトクな場合もあります。

たとえば、年金免除申請の年度末にあたる6月1日に申請した場合をみてみましょう。

まず、先に将来の分からいきますと、免除の対象になるのは、次にくる6月末までなので、以下の1カ月分しかありません。

**●将来分（2020年6月～2020年6月＝1カ月）**

次に過去2年と1カ月分を、現在から過去にさかのぼっていくと、以下のようになります。

- **2019年度分（2020年5月～2019年7月＝11カ月）**
- **2018年度分（2019年6月～2018年7月＝12カ月）**

最後に、2年を超えた1カ月がプラスされます。

- **2017年度分（2018年6月～2018年6月＝1カ月）**

7月に申請したときには、トータル3年と1カ月分が審査されたのに対して、6月に申請すると、2年と1カ月分しか審査してくれません。

なので、できれば、6月くらいまでに相談して書類をより完璧に準備しておき、正式に提出するのは7月になってからのほうが、効率はいいでしょう。

ただし、審査対象になるのは、7月以降は「前年の所得」、6月までは「前々年度の所得」になります。なので、それぞれ申請年度の対象になる所得額を調べて、免除（全額や半額等）基準を下回っているかどうかを確認してから申請したほうが、あとでがっかりせずに済むかもしれません。

## 申請時期によって、免除・猶予期間がこんなに変わる

### 免除等が申請できる期間

- 過去期間：申請書が受理された月から2年1カ月前(すでに保険料が納付済の月を除く)まで
- 将来期間：翌年6月(1 ～ 6月に申請したときは、その年の6月)分まで

《7月に申請した場合》

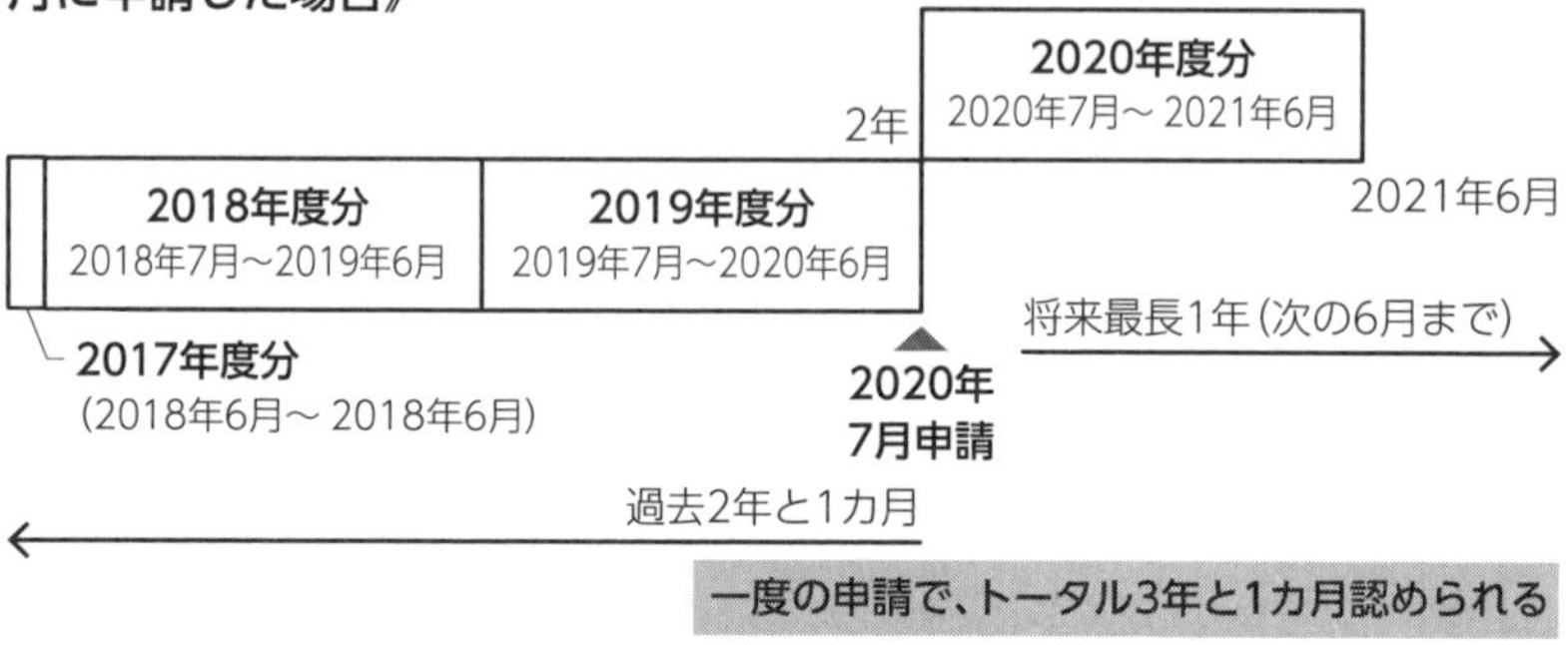


《6月に申請した場合》

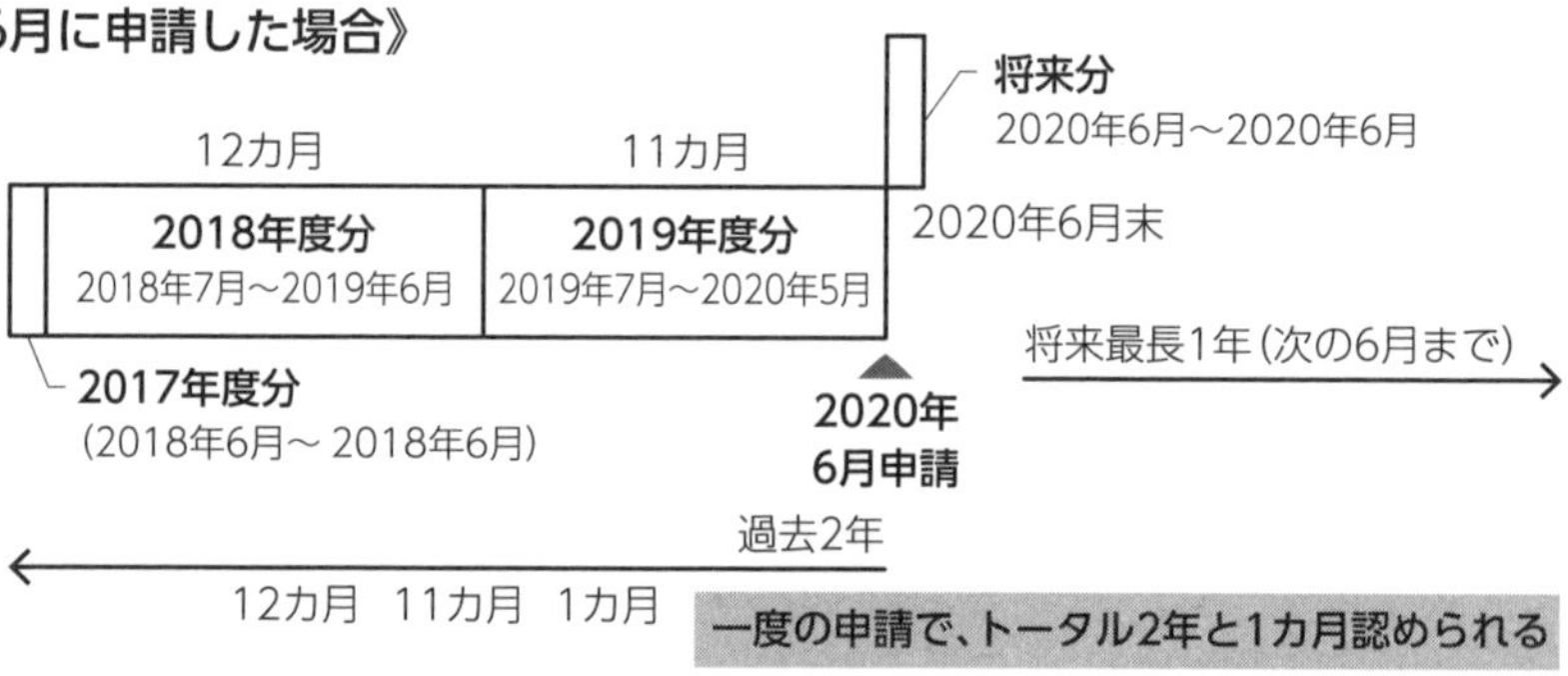


## 免除等の申請可能期間と前年所得の関係　※2020年4月時点

| 年度 | 免除等の申請が可能な期間 | 審査の対象となる前年所得 |
|---|---|---|
| 2017年度分 | 2018年3月～2018年6月 | 2016年中所得 |
| 2018年度分 | 2018年7月～2019年6月 | 2017年中所得 |
| 2019年度分 | 2019年7月～2020年6月 | 2018年中所得 |
| 2020年度分 | 2020年7月～2021年6月 | 2019年中所得 |

1枚の申請書で申請できるのは7月から翌年6月までの1年度分。複数年度の申請を希望する場合は年度毎に申請書の提出が必要。

# 9　生活に余裕ができてきたら、過去の不安が一掃できる追納制度

将来気が変わって「国民年金を少しでも満額に近づけたい」と思ったときには、免除してもらった分をあとから納める「追納」という方法もあります。

生活が苦しくて、一時的に保険料を免除または猶予してもらったけれど、最近、転職してようやく保険料を納める余裕ができたような人が、将来の年金不安を解消しておくには願ってもない制度です。

追納できるのは最長過去10年分で、免除を受けた期間の翌年度から起算して3年度め以降に追納する分については、一定の加算金（10年前の分で一月分に６００円程度加算）がつくのは覚悟しないといけません。

## 追納の優先順位

追納には、ひとつ重要なテクニックがあります。それは、将来の年金額に反映されるおトク分のある免除よりも、そんなメリットが一切ない〝猶予〟や〝学特〟の部分を優先して追納す

ることです。

なぜならば「将来の年金額に反映されるおトク分のある免除」された期間を追納してしまうと、その瞬間におトク部分がきれいに消えてしまうからです。

たとえば、1年間全額免除が認められた場合、1円も払わずに6カ月分払ったことにしてくれます。

そこを後から埋めようと6カ月分追納すると「すでに認めてもらった6カ月＋追納6カ月＝12カ月で未納なし」と考えがち。ところが、それは大きな勘違いです。

実際には「未納12カ月－追納6カ月＝未納6カ月」が残ります。

つまり、せっかくトクしたと思っていた優遇分が、追納することによって一瞬にして消滅してしまうのです。

したがって、追納するときには、必ずおトク部分のない〝猶予〟や〝学特〟などを優先し、それらがすべて解消されてから、最後に「免除」部分を納付するのが鉄則。

ちなみに、免除申請していない場合でも、過去3年未満の分については、延滞金なしに国民年金保険料の未納分を納めることができるので、そちらも検討してみる価値はあるかもしれません。

## 追納制度とは？

免除等の期間については、10年以内であれば、追納することができる。
ただし、免除等の承認を受けた期間の翌年度から起算して3年度め以降に追納する場合は、当時の保険料額に一定額が加算される。

免除期間がある場合の追納月額

| | 全額免除・法定免除・納付猶予・学生納付特例 | 一部免除 | | |
|---|---|---|---|---|
| | | 4分の3免除 | 半額免除 | 4分の1免除 |
| 2009年度 | 1万5,280円 | 1万1,450円 | 7,640円 | 3,810円 |
| 2010年度 | 1万5,540円 | 1万1,650円 | 7,770円 | 3,880円 |
| 2011年度 | 1万5,320円 | 1万1,490円 | 7,660円 | 3,830円 |
| 2012年度 | 1万5,170円 | 1万1,380円 | 7,590円 | 3,790円 |
| 2013年度 | 1万5,150円 | 1万1,360円 | 7,570円 | 3,790円 |
| 2014年度 | 1万5,300円 | 1万1,470円 | 7,640円 | 3,820円 |
| 2015年度 | 1万5,620円 | 1万1,710円 | 7,810円 | 3,910円 |
| 2016年度 | 1万6,280円 | 1万2,200円 | 8,140円 | 4,060円 |
| 2017年度 | 1万6,490円 | 1万2,370円 | 8,240円 | 4,120円 |
| 2018年度 | 1万6,340円 | 1万2,250円 | 8,170円 | 4,080円 |

2019年度中に追納すれば、2017年度と2018年度の2年分は、加算額なしの金額になっている

## どれを先に追納したらトクか？

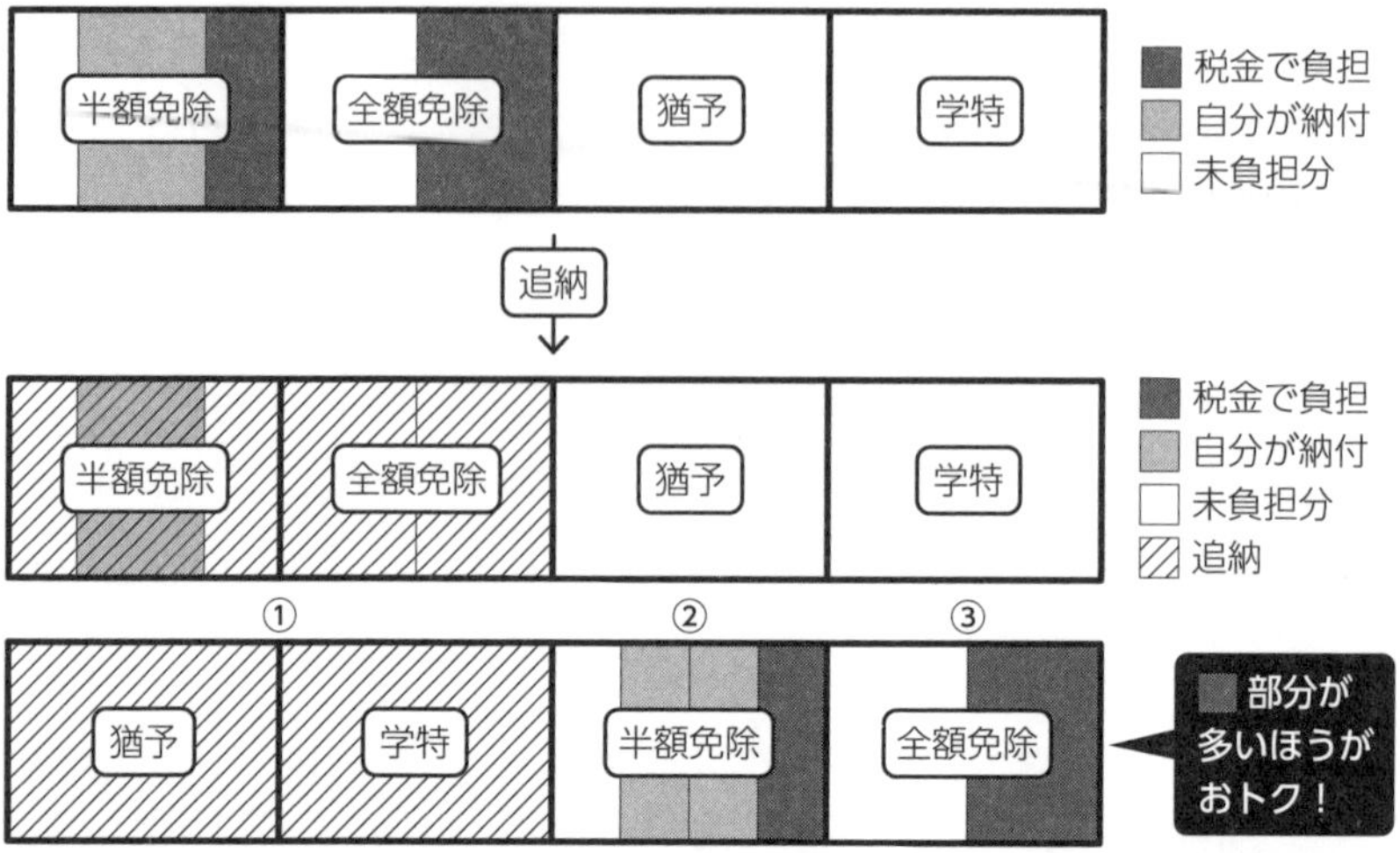


追納すると、免除が解消されて、将来年金をもらうときには、税金で負担されている部分（■部分）についても全額自己負担することになる。一方、猶予や学特の場合、最初から税金で負担してくれる部分がないため、追納しても損得勘定は変わらない。したがって、追納するときには、猶予・学特を優先するべき。その次に一部免除を片づけ、全額免除部分は後回しにするのが賢明。ただし、申請年度から10年以内でないと追納はできないので、その範囲内で優先順位を決めるべき。

| 届書コード | 処理区分 |
|---|---|
| 承認・却下 635 | 1　01登録<br>3　01登録 |
| 数値計算 634 | |

届書

# 国民年金保険料免除・納付猶予申請書

日本年金機構理事長　あて　　　令和　　年　　月　　日

以下のとおり免除・納付猶予を申請します。

また、配偶者及び世帯主の記入に漏れがないこと、前年所得の記入内容に誤りがないことを申し立てします。

この申請に必要な本人、配偶者及び世帯主に関する情報（所得情報、生活保護受給情報等）の確認について、市区町村（前住所地等を含む）及び日本年金機構に委託します。

〒　　－

住所：＿＿＿＿＿＿＿＿＿＿

被保険者氏名：＿＿＿＿＿＿＿＿＿＿　㊞

（被保険者本人が自署した場合は押印は不要です）

| 市区町村 | 日本年金機構 |
|---|---|
| | |

基礎年金番号（１０桁）で申請する場合は「①個人番号（または基礎年金番号）」に左詰めで記入してください。

**A．基本情報**

| | | | |
|---|---|---|---|
| ①個人番号（または基礎年金番号） | | ②電話番号 | 1．自宅　2．携帯電話　3．勤務先　4．その他　－　－ |
| ③被保険者氏名 | （フリガナ） | ④被保険者生年月日 | 5．昭和　7．平成　年　月　日 |
| ⑤配偶者氏名 | （フリガナ） | ⑥配偶者生年月日 | 5．昭和　7．平成　年　月　日 |
| ⑦世帯主氏名 | （フリガナ） | ※　世帯主氏名は被保険者または配偶者以外が世帯主である場合にご記入ください。 | |
| ⑧特記事項 | ◆　税申告された住所地（申告年の１月１日時点等）が現住所地と異なる場合は、その住所を記入してください。<br>◆　配偶者と住所が異なる場合は、配偶者の住所を記入してください。<br>◆　申請期間中の世帯状況に変更（結婚・離婚・世帯主変更等）があった場合は、変更事由、対象者氏名および変更年月日等を記入してください。 | | |

**B．申請内容**

⑨免除等区分

◆　⑨免除等区分は基本的に記入不要です。記入がない場合は、以下の免除等区分について１～５の順に全て審査します。審査を希望しない免除等区分がある場合は、該当する数字を「×」で抹消してください。

※　「納付猶予」は、５０歳未満の期間が対象となり、年金を受け取るために必要な期間に算入されます。
「納付猶予」の審査順序を変更する場合は、その旨を「⑮備考」欄に記入してください。

| 1．全額免除 | 2．納付猶予 | 3．4分の3免除 | 4．半額免除 | 5．4分の1免除 |
|---|---|---|---|---|
| （保険料全額を免除） | （保険料納付を猶予） | （保険料1/4納付が必要） | （保険料1/2納付が必要） | （保険料3/4納付が必要） |

⑩申請期間：平成／令和　　年度分

⑪税申告の有無（⑩の年度）
- 被保険者：1．あり　2．なし　3．不明
- 配偶者　：1．あり　2．なし　3．不明
- 世帯主　：1．あり　2．なし　3．不明

⑫前年所得（⑩の前年）
- 被保険者：1．なし　2．あり（57万円以下）　3．あり（57万円超）⇒ 16歳以上19歳未満の扶養親族（あり・なし）
- 配偶者　：1．なし　2．あり（57万円以下）　3．あり（57万円超）⇒ 16歳以上19歳未満の扶養親族（あり・なし）
- 世帯主　：1．なし　2．あり（57万円以下）　3．あり（57万円超）⇒ 16歳以上19歳未満の扶養親族（あり・なし）

⑬特例認定区分（添付書類要確認）
- 被保険者：1．失業　平成／令和　年　月　日 ⇒ 雇用保険加入（あり・なし）　2．天災等　3．その他（　　　）
- 配偶者　：1．失業　平成／令和　年　月　日 ⇒ 雇用保険加入（あり・なし）　2．天災等　3．その他（　　　）
- 世帯主　：1．失業　平成／令和　年　月　日 ⇒ 雇用保険加入（あり・なし）　2．天災等　3．その他（　　　）

⑭継続希望区分
1.「全額免除」または「納付猶予」が承認された場合は、翌年度以降も同じ免除区分での免除申請を希望します。（はい・いいえ）
2. 1で「はい」と回答した方に伺います。納付猶予が承認された次の年度において全額免除の審査基準に該当する場合、その年度以降は全額免除を希望しますか。（はい・いいえ）

⑮備考

※　⑫欄は「所得の申立書」として取り扱います。必ず記入してください。

| 職員記入欄 | 申請年月日 | 審査結果 | 審査区分 | | | | | 申請年度 | 承認期間（始期） | 承認期間（終期） | 法免消滅年月日 | 特例区分 | 継続区分 | 送信 |
|---|---|---|---|---|---|---|---|---|---|---|---|---|---|---|
| | | | 全額 | 4分の3 | 半額 | 4分の1 | 猶予 | | | | | | | |
| | | | | | | | | | | | | | | |

1905 1016 012

出所：日本年金機構

# 5章

# トクする年金の裏ワザ 若者編

# 序 役所ではおトク情報は教えてくれない

雑貨店でパートをしているM子さん（32歳）は、最近、知人から国民年金の保険料が安くなる方法を教えてもらって驚きました。

あれっ、こんなこと役所では教えてくれないのに、どうして一般の人が知っているの？

そんな疑問を職場で口にしたところ、こういわれてしまいました。

「役所では、聞かれてもいないことはいわないですよ。質問されたことに答えるだけ」

なるほど、少し知識があればトクすることって、世の中にはたくさんあるんだなと痛感したのでした。


わからないことが出てきたら、いまやスマホで〝ググる〟だけで、一瞬にして調べることができるようになりましたが、そもそもどうしたら国民年金でトクできるかなんて、考えたことない人が圧倒的多数でしょう。調べようにもキーワードも思いつかないはず。

そこで、知っている人がすでに実践しているトクする情報を、できるだけ多くご紹介していきます。

この章では、年金をもらうのはまだはるか先の若者向けの情報をみていきましょう。

## 1 ４００円余分に納めると死ぬまで９万円がもらえる付加年金

少し余分に保険料を納めると、将来もらえる年金額が増えるのを知っていますか？

年金知識のある人なら、すぐピンとくると思いますが、それが国民年金の「付加年金」です。毎月定額の国民年金に、４００円の付加保険料を納め続けると、65歳以降に受け取る年金も少し増額されるというものです。

増える付加年金額は、以下の計算式で求めます。

**●２００円×付加保険料を納めた月数**

仮に付加保険料を40年間納めたとすると、２００円×４８０カ月＝９万６０００円。65歳以降、年間９万６０００円年金が増える計算です。

一方、払った付加保険料の総額は、４００円×４８０カ月＝19万２０００円ですから、２年間でモトが取れる計算。つまり、65歳に受給開始すると、67歳から天寿をまっとうするまで、

## 付加年金とは?

**納付**

**1年間納付した場合**
付加保険料 400円 ×12カ月 ＝ 4,800円

**10年間納付した場合**
付加保険料 400円 ×12カ月 ×10年 ＝ 48,000円

保険料月額に
**＋400円**

▼

**受給**

**付加年金**（1年間の支給額）
200円 ×12カ月 ×10年 ＝ 24,000円

→2年受給すれば、納めた額（総額4万8,000円）と同額になり、3年目以降払った額を超えた年金が死ぬまでもらえる

老齢年金月額に
**＋200円**

付加年金のおトク感を味わえることになります。

残念ながら、保険料の猶予・免除を受けている人、第3号被保険者、国民年金基金に加入している人、65歳以上の任意加入している人などは、この付加年金の対象外です。

国民年金を40年間納め続けるというのは現実的ではありません。途中厚生年金になったり、あるいは配偶者の扶養に入って3号被保険者になったり、はたまた保険料未納になったりするので、現実的に納付可能なのは10年くらいでしょう。

10年加入の場合でも、年金額が将来2万4000円増え、40年と同じく2年間でモトが取れます。なので、ヘソクリ作りにはいいかもしれません。

付加年金の手続きは、市町村の国民年金課または管轄の年金事務所でできます。

# 2 国民年金をまとめて納めると安くなるってホント？

国民年金の保険料は、まとめて払うと安くなるのを知っていますか？

左ページの表をみてください。国民年金には「前納割引制度」というのがあり、払う時期を早めることで通常よりも保険料が割安になる制度が設けられています。

敷居が低いのは「早割」。口座振替で払う場合、通常は対象月の翌月末引き落としのところを当月末引き落としにすると、年間600円保険料が割引されます。

資金的な余裕がある人なら、まとめて払うと安くなる前納制度を活用するのがベターです。期間は、6カ月分、1年分、2年分の3パターンあり、当然のことながら、2年分まとめて納めるのがいちばんおトク。2019年度中に、2年分37万9640円を口座振替で納めると、2年間トータルの割引額は1万5760円。

銀行口座に37万円を定期預金しても、年間の利息は300円もつきません。まとまったお金を国民年金の前納にあてると、2年で1カ月分の保険料がまるまるトクできるのですから、考えようによっては、これほど利回りのいい運用法はほかにはないといえるかもしれません。

## やりくり上手な納め方

### ① 早割

保険料を口座振替で早めに納めると**割引**がある

■例　口座振替の「早割」で納める場合（2019年度）

| | 1カ月分 | | 6カ月分 | | 1年分 | | 2年分 | |
|---|---|---|---|---|---|---|---|---|
| **納付書**（現金） | **16,410円** | | **98,460円** | | **196,920円** | | **395,400円** | |
| **早割**（当月末引落し） | 16,360円 | −50円 | 98,160円 | −300円 | 196,320円 | −600円 | 394,200円 | −1,200円 |
| | | 50円割引！ | | 300円割引！ | | 600円割引！ | | 1,200円割引！ |

### ② 前納

**6カ月前納**　**1,120円割引**

現金で毎月納付 98,460円 ▶ **口座振替で前納 97,340円**

**1年前納**　**4,130円割引**

現金で毎月納付 196,920円 ▶ **口座振替で前納 192,790円**

**2年前納**　**15,760円割引**

現金で毎月納付する場合
395,400円
- 令和元年度保険料 16,410円×12カ月と
- 令和2年度保険料 16,540円×12カ月との合計

▶ **口座振替で前納 379,640円**

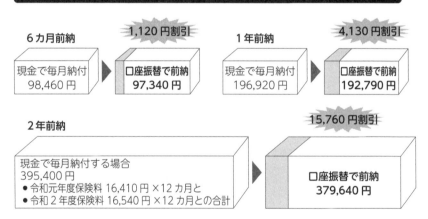

# 3 クレカ2年払いでポイント獲得の裏ワザ

国民年金保険料の前納は、現金、口座振替、クレジットカードの3種類があります。

いちばんおトクなのは口座振替なのですが、使い方によっては、クレカのほうがおトクになることに気づきませんでしたか？

そう、クレカで払えるのなら、現金払いよりも多少高くなったとしても、後からポイントがつくため、その分も考慮すると、クレカ払いがいちばんおトク。

たとえば、口座振替で2年前納は37万9640円と、ふつうに納めるより1万5760円おトク。これをクレカ納付に変えると、38万8880円（現金で2年前納と同じ）に。口座振替2年前納と比べると1240円高くなりますが、盲点はカードにつくポイント。

もし、あなたが持っているクレカが、公共料金の支払いでも1％のポイントがつくとしたら、3808円のポイントが別につきます。なので、2年分の国民年金保険料をクレカで前納した場合、口座振替より1240円高くても、3808円分のポイント付与を差し引くと、2568円分のトクになるわけです。もっとも、そのポイントで浪費したらおトク分は吹っ飛びますが。

## 2年間の保険料を一括クレカ払いにするといくらおトク？

| 決済方法 | 2年間の保険料※ | 実質の支払額 | 1カ月あたりの保険料負担 |
|---|---|---|---|
| 現金払い | 395,400円 | 395,400円 | 16,475円 |

| 決済方法 | 2年前納時の保険料 | ポイント還元（1％で計算） | 実質の支払額（保険料－還元額） | 1カ月あたりの保険料負担 |
|---|---|---|---|---|
| 口座振替 | 379,640円 | 0円 | 379,640円 | 15,818円 |
| クレジットカード払い | 380,880円 | 3,808円 | 377,072円 | 15,711円 |

※令和元年度保険料（16,410円×12カ月）＋（令和2年度保険料16,540円×12カ月）
＝39万5,400円

**2年間総額で 1万8,328円 おトク**

## 4 失業したら、後から免除申請できる特例免除カレンダー

生活が苦しいなか、無理して国民年金保険料を納めていると、どこかにしわ寄せがいきます。そんなときは、保険料納付を免除してくれる制度をうまく活用することで苦境を脱することができます。

いちばんおトクな「全額免除」の場合、将来年金を受給する際には、半額納めたこととして扱ってくれます。なので、そのまま追納せずに放置していても、ただ未納にしておくよりもはるかにおトクです。

この免除を活用する最大のチャンスが、失業したときです。一般の免除は、いまは収入が激減していても、対象となる前年に収入があるとそれだけで却下されますが、失業時に限っては、前年の所得金額にかかわらず、免除が認められるからです。

申請できるのは「事由が発生した前月から事由が発生した年の翌々年の6月まで」と、かなり広範囲になっています。

### 特例免除の申請が可能な期間　※2020年4月に申請する場合

| 災害・失業等の事由が発生した年（注1） | 特例免除の申請が可能な期間 |
|---|---|
| 2016年（1月〜12月） | 2018年3月（注2）〜2018年6月 |
| 2017年（同上） | 2018年3月（注2）〜2019年6月 |
| 2018年（同上） | 失業等の前月（注2）〜2020年6月 |
| 2019年（同上） | 失業等の前月（注2）〜2020年6月（注3） |

注1：失業した日は離職日の翌日。12月31日に離職したときは翌年が失業等の事由が発生した年となる。
　2：申請時点から2年1カ月以上前の期間は時効により免除等の申請はできないため、2018年2月以前の期間は申請することができない。
　3：2020年7月以降の期間は、2020年7月になってから申請ができる。

「そんなことなら、去年失業したときに申請しておけばよかった」という人は、いまからでも遅くはありません。失業を理由とした特例免除は、２年１カ月までさかのぼって申請できるからです。

上の表をみてください。２０２０年４月に申請が可能な分の一覧がこれです。

申請時点から最長で２年１カ月までさかのぼれますので、申請可能なのは、２０１８年３月までに期限の来る分です。

その申請の原因となった失業は、２年前のものまで含まれますので、２０１６年１月〜12月に失業していた人は、時効になっていない２０１８年３月〜６月（年金免除の年度末）までさかのぼって免除申請を出すことができるわけです。それ以降も、失業した翌年度が申請対象になるしくみです。

失業した人は、ただ書類を出すだけで、将来の年金を何万円も増やすことができるのです。これは、申請しておかないと大損です。

## 5 退職理由を会社都合に変えてトクする裏ワザ

失業を理由に免除申請をする際に必要な添付書類は、雇用保険に加入していれば、離職票の写し、または雇用保険被保険者証の写しでOKです。

事業を廃止や休止した人は、その届出に関する書類のコピーが必要になります。

このとき、ついでに国民健康保険（国保）も保険料の減免申請をしておくのがコツ。国保も、現在失業している人には、保険料を安くしてくれます（前年所得をゼロとして保険料を計算）。ただし、国民年金の免除が退職理由を問わないのに対して、国保の減免は非自発的離職のみ対象。つまり、自己都合で転職のために退職した人は、対象外なのです。

そこで覚えておきたいのが、会社都合をゲットする裏ワザ。退職前3カ月間に、連続して月45時間以上時間外労働を余儀なくされた場合には、会社都合と判定される可能性が高くなります。該当しそうな人は、あらかじめタイムカードのコピーや出退勤記録などの証拠を用意しておき、それをハローワークで失業手当受給の手続きをするときに証拠として提示すればOK。勤務年数によっては、失業手当の支給日数の大幅アップも期待できます。

## 特定資格受給者（会社都合退職者）と認められる主な条件

| |
|---|
| ① 会社が倒産したため退職（破産など法的手続開始のほか、金融取引停止の原因となる不渡手形の発生を含む） |
| ② 勤務先の事業所が廃止または縮小したため退職（事業所で1カ月以内に30人以上が退職または1年以内に従業員の3分の1が退職した場合） |
| ③ 勤務先の事業所の移転により通勤が困難（おおむね往復4時間以上）となったため退職 |
| ④ 一方的に会社から解雇されて退職（懲戒解雇など自分に責任がある場合を除く） |
| ⑤ 希望退職制度（退職1年以内にはじまったもので募集期間3カ月以内）に応じて退職 |
| ⑥ 契約社員として、雇用契約を1回以上更新なおかつ3年以上勤めたのに、会社から新たに契約を更新しないと通告されたために退職 |
| ⑦ 入社時には「契約を更新する」という約束（口頭または文書にて）で働きはじめたのに、結果的にその約束が守られずに、「更新せず」とされて期間満了で退職 |
| ⑧ 労働条件が採用時と大きく違っていたために退職（ただし1年以内） |
| ⑨ 2カ月以上連続して、給料（固定給）の3分の1を超える額が支払期日までに支払われなかったため退職 |
| ⑩ 何の予告もなしに給料（固定給）を15％超下げられたため退職 |
| ⑪ 月45時間を超える残業が退職前3カ月以上続いたために退職 |
| ⑫ 特定の職種を専門に行なうために採用されたのに、別の職種の仕事を命じられ給料も下がったために退職 |
| ⑬ 同じ職種に10年以上就いてきたのに、突然、何の訓練も行なわずに無理やり、まったく畑違いの職種に配転させられたために退職 |
| ⑭ 上司や同僚から、毎日のようにイジメや嫌がらせを受けたため退職 |
| ⑮ 家族に看護の必要な病人がいるのに、無理やり転勤を命じられたために退職 |
| ⑯ セクハラをされて会社の担当部署や行政機関に相談したにもかかわらず、1カ月たっても何も改善されなかったため退職 |
| ⑰ 労働者の生命・身体を保護する法令に事業所が違反していて、その点について行政から改善するよう指摘されたにもかかわらず、1カ月以上経過しても改善されなかったため退職 |

※上記以外の「体力の不足」や「心身の障害」など退職にあたって「正当な理由あり」と認められた場合も「給付制限なし」となる可能性あり。詳しくはハローワークにお問い合わせのこと。

## 6 親と同居者に絶大な効果をもたらす世帯分離

国民年金保険料の「免除」と「猶予」の違いはなにかわかりますか？

「免除」は、決められた金額を納めなくても、将来年金を受給するときに、一定額は納めたこととして扱ってくれます。一方の「猶予」には、そのおトク部分がありません。つまり「支払いを待ってくれる（最長10年）けれど、未納のままだと、将来年金を受給するときには1円も納めたことにはしてくれない」のです。

なので、できれば免除を選択し、さらに「4分の1」とか「半額」とかみみっちいことを言わずに、「全額免除」をめざすべき。「全額免除」が認められたなら、将来、年金を受給するようになったとき、その期間中については半額納めたこととして扱ってくれるのです。

しかし国民年金の「免除」には、ひとつだけ目に見えないハードルがあります。

それは、家族の所得です。たとえ申請者本人が、いくら基準以下の所得であったとしても、同居の家族（「免除」は本人と世帯全員、「猶予」は本人と配偶者）のなかにひとりでも基準を上回る所得の者がいると、それだけで却下されてしまいます。

## 世帯分離とは?

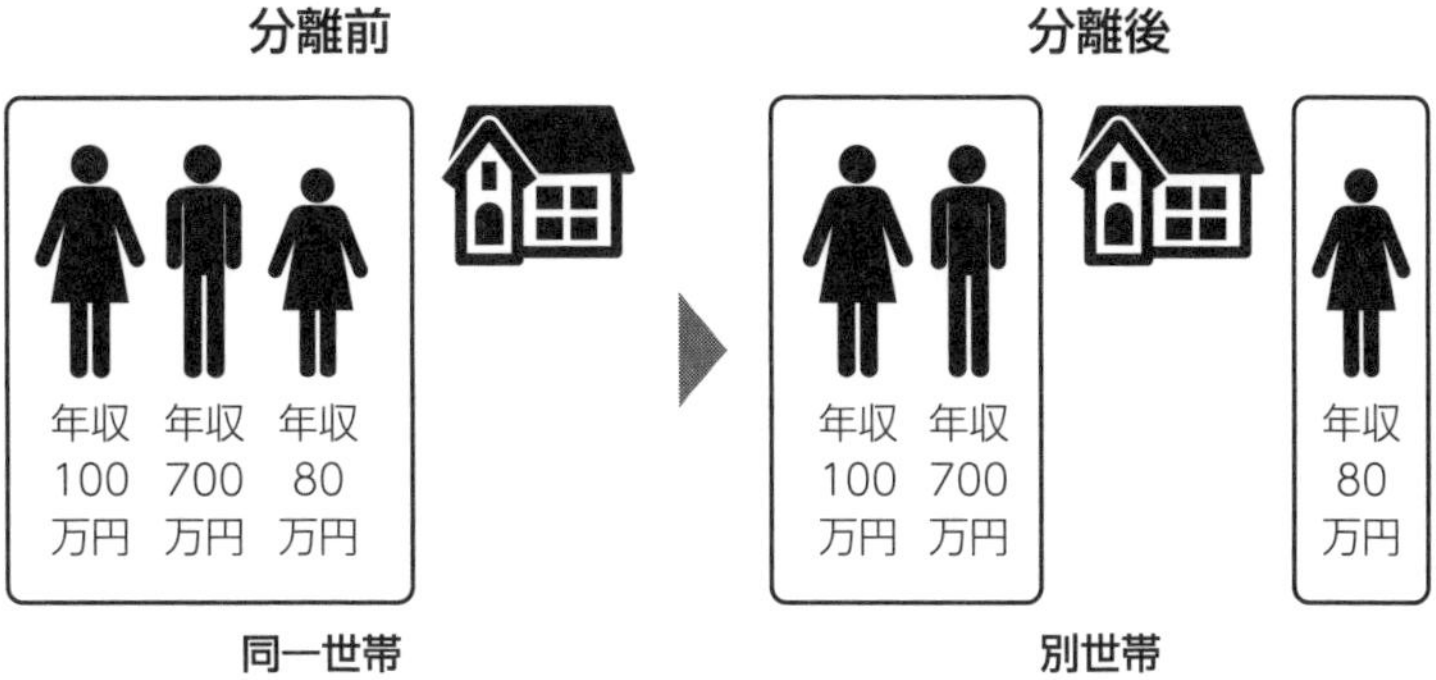


家族全員が生計をひとつにする世帯では、子供本人の収入が低くても、同じ世帯に属する人がひとりでも免除・猶予の基準を満たしていないと、申請しても認められない。しかし、同じ住所に住んでいても、生計を同一にしていない場合は、世帯を分離することで、子供本人の収入だけが審査対象となって、猶予・免除が認められるケースがある。

そんなときに、絶大なる効果を発揮するのが「世帯分離」という方法です。

世帯分離とは、同居しているほかの家族とは世帯単位を分離して、別に自分だけの世帯を住民票上でつくってもらうこと（世帯主は自分になる）。

要は、同じ家に住んでいるけれど、家計はそれぞれまったく別にしているため、別世帯として住民票を独立させるということですね。

この手続きを事前に行なっておくと、「免除」申請した際、これまでは、ほかの同居家族に収入があるために却下されていたものが、自分ひとりの所得だけで審査してくれるわけです。

手続きは、市役所に行って「世帯変更手続き」をします。その書式のなかに「世帯分離」という項目がありますので、そこを選択して必要事項を記入のうえ提出すればＯＫ。もちろん免許証や保険証など本人確認書類は必須です。

# 7 婚姻届を出さなくても、3号と認めてくれる役所手続き

世帯分離とは正反対に、世帯を合体したほうがトクするケースもあります。

それは、結婚です。共働き夫婦の場合、一方が厚生年金に加入していて、もう一方が年収130万円未満であれば、第3号被保険者として、国民年金保険料が無料になるのです。いわゆる「サラリーマンの専業主婦」だけに認められた特権みたいなものです。将来年金をもらうときに半額納めたことにしてくれる「免除」とは違って、3号の場合は、保険料を納めなくても全額納めたことにしてくれるのですから、相手がいて諸条件が合致するのなら、結婚はしないよりしたほうがトクなんです。

世の中には、夫婦別姓の問題もあり、「姓が変わるのがイヤだから、一緒に暮らしていても籍は入れない」というカップルが最近は結構いますが、戸籍上、婚姻という形式を取らなくても、「3号」になれる場合もあるというと、みなさんは信じるでしょうか?

税法上の「配偶者控除」は、籍を入れた配偶者にしか適用されません。ところが、形式ではなく、実態を重視するのが社会保険制度の世界。たとえ入籍していなくても、事実婚と認められ

## 事実婚を証明するには？

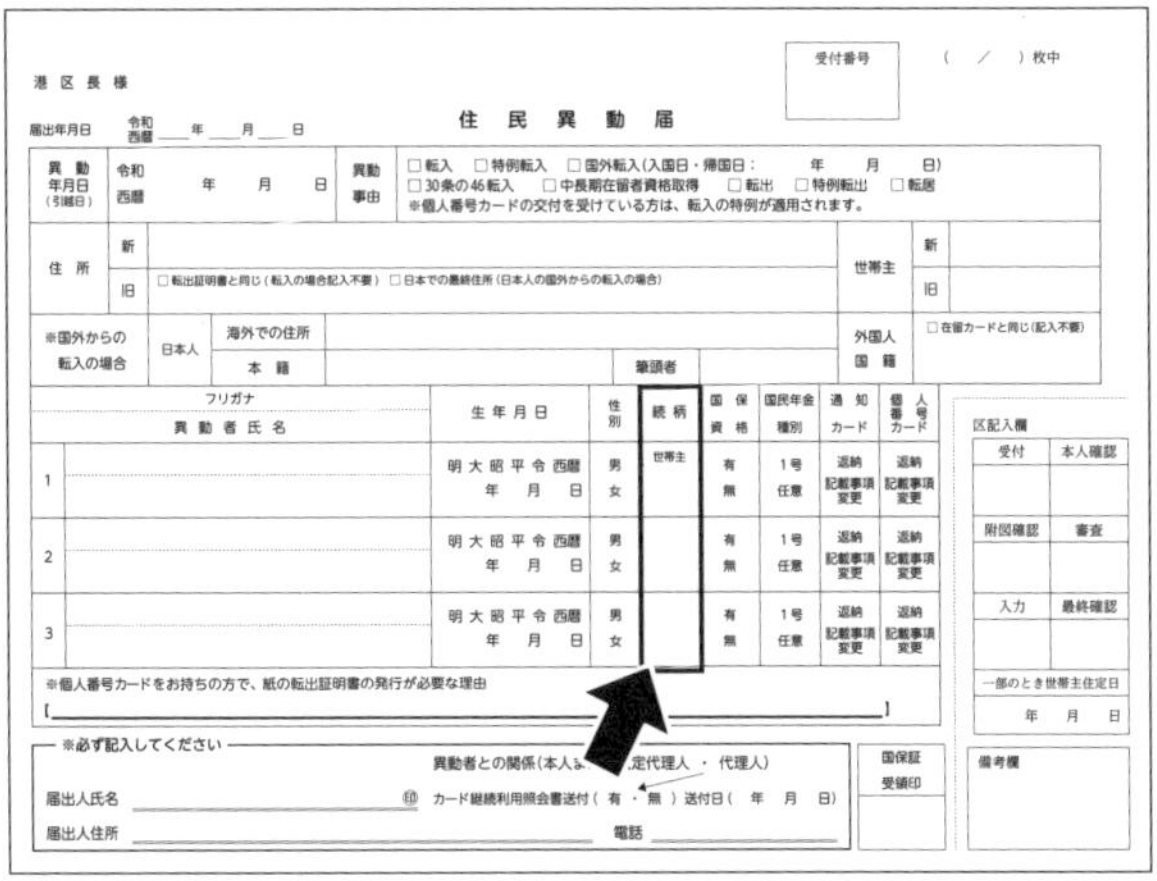
港区長様

受付番号　（　／　）枚中

届出年月日　令和／西暦＿年＿月＿日

住民異動届

異動年月日（引越日）　令和／西暦　年　月　日

異動事由　□転入　□特例転入　□国外転入（入国日・帰国日：　年　月　日）　□30条の46転入　□中長期在留者資格取得　□転出　□特例転出　□転居

※個人番号カードの交付を受けている方は、転入の特例が適用されます。

住所　新／旧　□転出証明書と同じ（転入の場合記入不要）　□日本での最終住所（日本人の国外からの転入の場合）

世帯主　新／旧

※国外からの転入の場合　日本人　海外での住所／本籍　筆頭者

外国人国籍　□在留カードと同じ（記入不要）

| | フリガナ／異動者氏名 | 生年月日 | 性別 | 続柄 | 国保資格 | 国民年金種別 | 通知カード | 個人番号カード |
|---|---|---|---|---|---|---|---|---|
| 1 | | 明 大 昭 平 令 西暦　年　月　日 | 男 女 | 世帯主 | 有 無 | 1号 任意 | 返納 記載事項変更 | 返納 記載事項変更 |
| 2 | | 明 大 昭 平 令 西暦　年　月　日 | 男 女 | | 有 無 | 1号 任意 | 返納 記載事項変更 | 返納 記載事項変更 |
| 3 | | 明 大 昭 平 令 西暦　年　月　日 | 男 女 | | 有 無 | 1号 任意 | 返納 記載事項変更 | 返納 記載事項変更 |

※個人番号カードをお持ちの方で、紙の転出証明書の発行が必要な理由
［　　　　］

区記入欄　受付　本人確認　附図確認　審査　入力　最終確認

一部のとき世帯主住定日　年　月　日

※必ず記入してください

異動者との関係（本人 … 定代理人・代理人）

届出人氏名　㊞　カード継続利用照会書送付（有・無）送付日（　年　月　日）

届出人住所　電話

国保証受領印

備考欄

事実婚の２人が住民票上で同じ住所に転入等したときに、お互いにの「続柄」の欄に「未入籍の妻」「未入籍に夫」と記載してもらうことによって事実婚を証明してもらう。

れば、入籍者と同様に「3号」になれるのです。

手続きは、事実婚をはじめる際に、市役所へ行って、それぞれの住民票に「未入籍の妻」「未入籍の夫」とお互いの関係を記載してもらうだけ。すると、これが事実証明となって、社会保険での配偶者に関する手続きができるようになるのです。

具体的には、内縁関係の記載された住民票を添付して、厚生年金に加入している夫（妻）の会社で「第3号被保険者」の手続きを行ないます。その際には、扶養される側が年金と同時に健康保険の「被扶養者」（保険料無料で保険証が使える扶養家族）になる手続きも行なわれるので一石二鳥。つまり、国民年金1万6000円に加えて、本来負担を余儀なくされる国民健康保険が安くても月5000円（高い自治体では1万円以上）とすると、年間約26万円も出費が浮く計算です。

# 8 免除や3号認定の壁を突破する確定申告のススメ

扶養家族が増えたり、生命保険料を払っていたり、泥棒に入られてお金を盗まれたり、マイホームを購入したり、医療費が年間10万円または所得の5%を超えたなど、すべてを勤務先に申告しているかというと、忘れているかもしれず、その分の税金は納めすぎになっていることもめずらしくありません（年末調整の時期にちょうど失業中だった人も同じ）。

そんな給与所得者が確定申告をすると、納めすぎていた税金が還付されることが、結構多いのです。

去年は、何もなかったよ。そう思う人は、副業をしなかったか思い出してみてください。たとえば、メルカリに着なくなった洋服を出品してお小遣いを稼いだりしませんでしたか？　儲かったら、税金をとられるんじゃない？　と不安に思うかもしれませんが、新品で買ったときに1万5000円だったものが5000円で売れたら、赤字ですよね。経理上もその仕入れを計上するかどうかは別にしても、その他の費用を考慮すると、結構マイナスになることが多いのです。

## 確定申告は、どうすればいい？

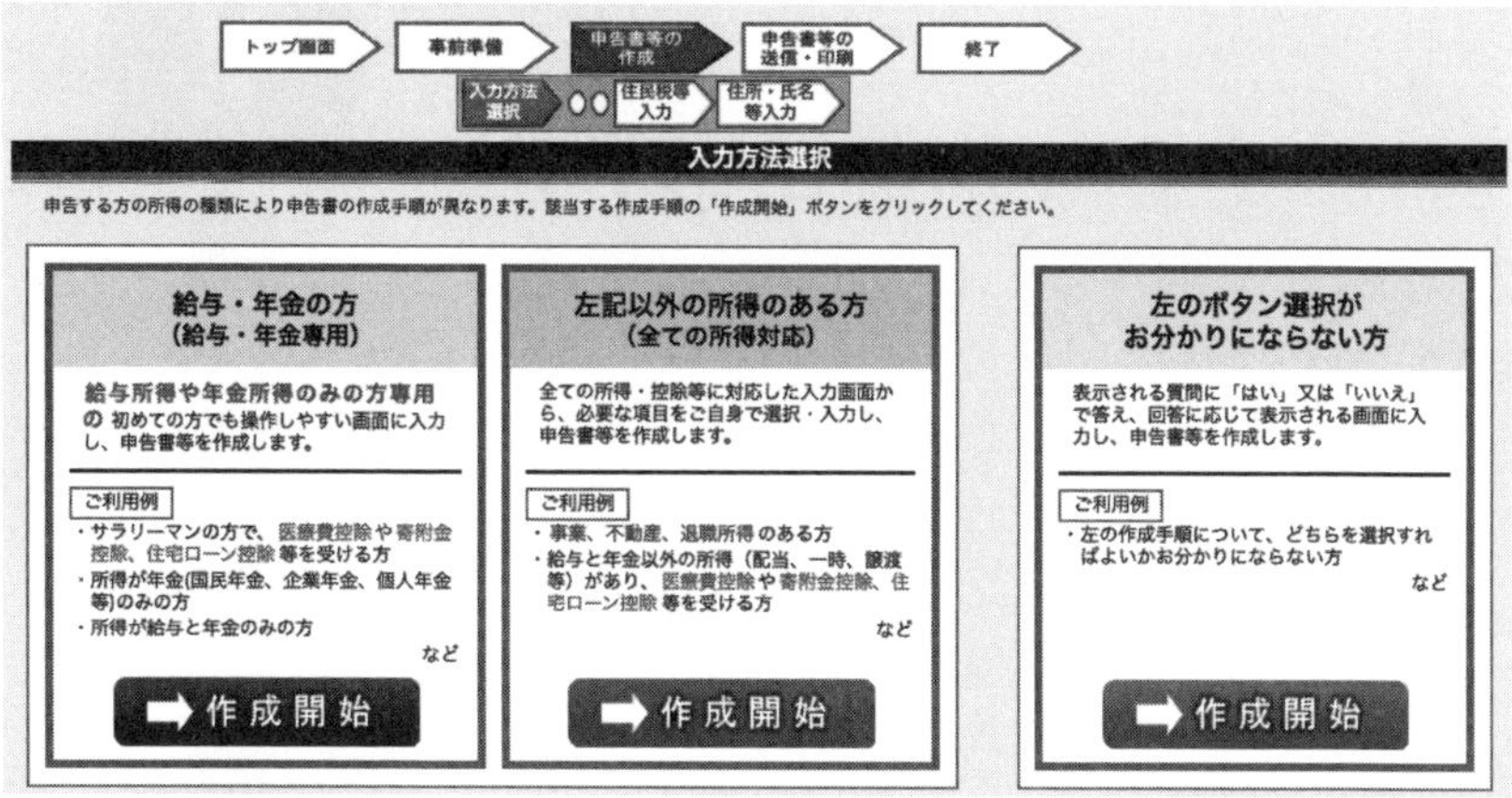


国税庁の確定申告書作成コーナー https://www.keisan.nta.go.jp から入って、「事業、不動産、退職所得のある方」を選択して、指示通りに進むと出てくるデータ入力ページに数字を入れていくと、専門知識のない人でも比較的簡単に申告書を作成できる。

毎月のスマホ代や自宅での通信費、出品作業をしている時間帯の光熱費や家賃、配送料、深夜作業の夜食代、打ち合わせの喫茶代や、その他仕入れにかかった費用……そうしたレシートや領収書などは、すべてとっておくべきです。

面倒臭いけれど、それをちゃんと反映させた正しい所得で確定申告をすると、年金の〝トクするボーダーライン〟をクリアできることが多いことは覚えておいてください。

たとえば、国民年金の第3号被保険者となるための要件・年収130万円未満がギリギリな人や、保険料全額免除の基準を少しだけ超えそうな人の場合、副業で少し赤字を出しておくと、その赤字が他の所得と合算されて、結果的に課税所得を減らしてくれるのです。

# 9 国民年金基金って、なんのためにある？

厚生年金なら、上乗せとして企業年金があるのに、国民年金1号の人は、一階部分の基礎年金だけなのは寂しいですよね。

そこで注目したいのが国民年金基金。国民年金の第1号被保険者（実際に保険料を納めている人）だけが加入できる上乗せ年金です。国民年金本体とは別に、掛け金は月額にして最高6万8000円まで自由に設定可能です。

希望すれば、65歳から亡くなるまで、あらかじめ確定した金額を、国民年金の上乗せ分年金として受給することができます。変動型の個人年金のように、運用成績によって年金額が変動することはありません。

そういうと、すごくおトクな制度のように感じられるかもしれませんが、あくまで上乗せ年金ですので、公的年金本体と比べると、おトク度はかなり低くなります。

民間生保の個人年金と比べても、利回りはたいしたことはなく、一度始めると65歳以降に年金として受給するしかないため、いざというときに解約できないのがデメリットでしょう。

## 国民年金基金制度とは？

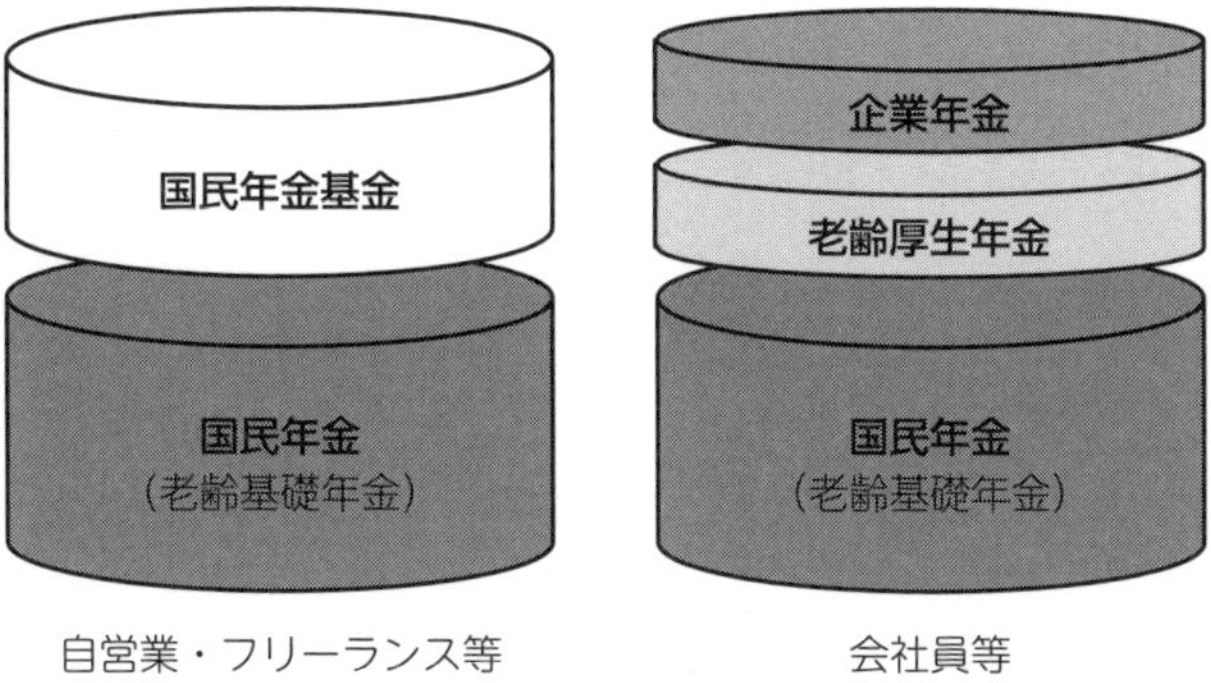


自営業者と会社員等との年金額の差を解消するために創設された公的な年金制度。会社員は、厚生年金の上に企業年金の上乗せ年金があるが、それがない人たちが会社員と同様の上乗せが得られるようにつくられた制度。

## 国民年金基金　加入要件

**国民年金基金に加入できる人**

○　日本国内に居住している20歳以上60歳未満の自営業者とその家族
○　自由業、学生などの国民年金の第1号被保険者および60歳以上65歳未満の人
○　海外に居住している人で国民年金に任意加入している人

**以下のような人は加入できない**

×　厚生年金の加入者
×　厚生年金の加入者の被扶養配偶者（国民年金の第3号被保険者）
×　国民年金の保険料を免除（一部免除・学生納付特例・納付猶予を含む）※されている人
×　農業者年金の被保険者

※法定免除の人（障害基礎年金を受給している等）が「国民年金保険料免除期間納付申出書」を年金事務所に提出した場合、国民年金保険料の納付申出をした期間は加入することができる。
※産前産後期間の免除をされている人も国民年金基金に加入することができる。

# 10 国民年金基金って、ホントにおトク？

ネットの記事をみても、なにがなんだかさっぱりわからなかった人のために、国民年金基金の基本について、わかりやすく解説しておきます。

左ページの図をみてください。

国民年金基金の公式リーフレットに掲載されている加入例のひとつです。

「40歳男性が誕生月に4口加入した場合」として、詳しい試算額が出されています。

まず注目したいのが「1口目　終身年金　A型」のところ。1口目は「終身年金A型」か「終身年金B型」のどちらかを選択しなければなりません。

「終身年金」とは、100歳だろうが、120歳だろうが死ぬまで＝「終身」もらえるタイプです。これに対して「80歳まで15年間」といったように給付期間が定められている年金を「確定年金」と呼びます。

次に「A型」と「B型」の違いは、保証の有無にあります。年金受給前または一定の保証期

## 国民年金基金の加入例

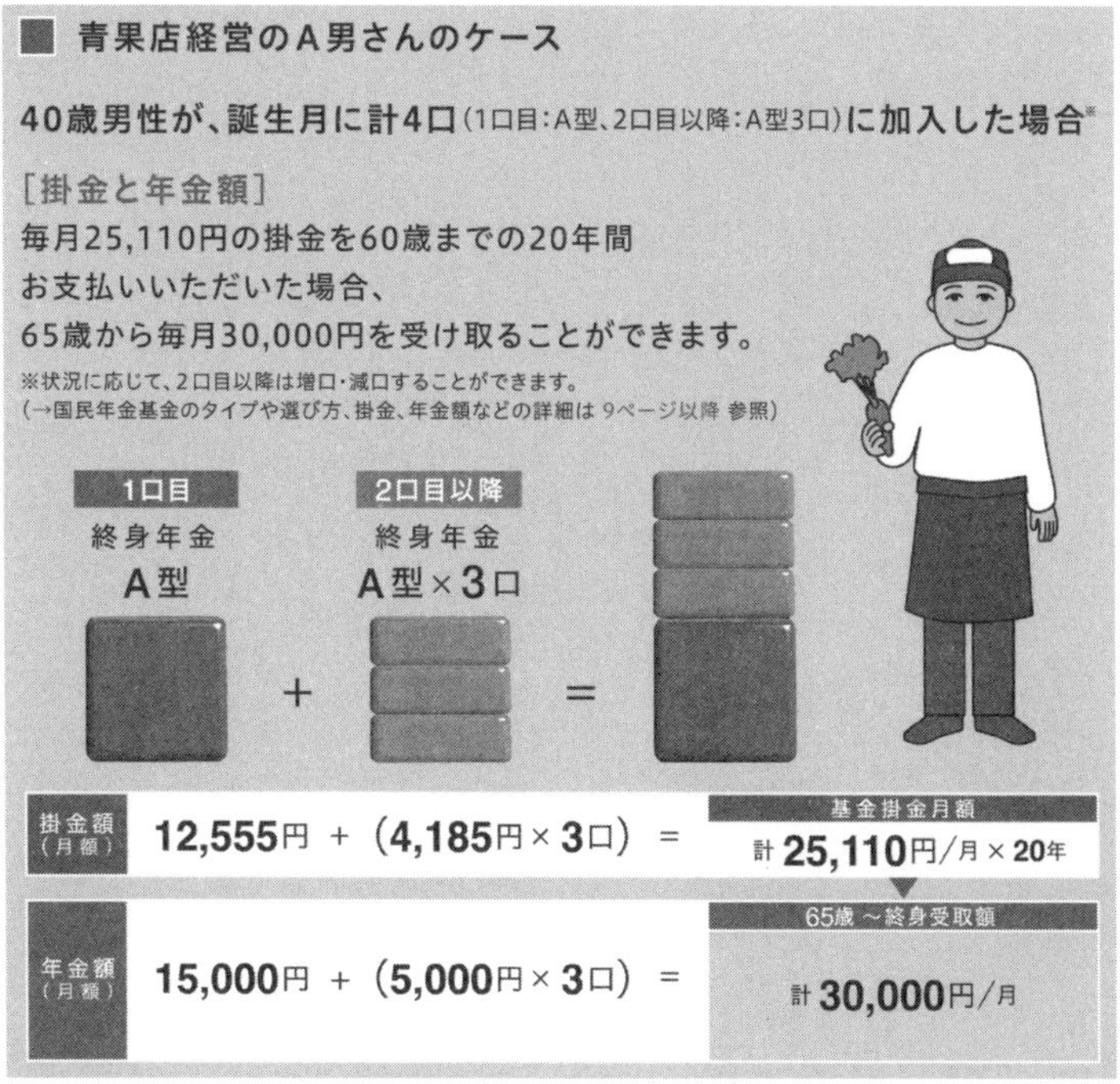
青果店経営のA男さんのケース
40歳男性が、誕生月に計4口(1口目:A型、2口目以降:A型3口)に加入した場合※
[掛金と年金額]
毎月25,110円の掛金を60歳までの20年間
お支払いいただいた場合、
65歳から毎月30,000円を受け取ることができます。
※状況に応じて、2口目以降は増口・減口することができます。
(→国民年金基金のタイプや選び方、掛金、年金額などの詳細は 9ページ以降 参照)
1口目
終身年金
A型
2口目以降
終身年金
A型×3口
+
=
掛金額(月額)
12,555円 + (4,185円×3口) =
基金掛金月額
計 25,110円/月×20年
年金額(月額)
15,000円 + (5,000円×3口) =
65歳〜終身受取額
計 30,000円/月

国民年金基金に加入した40歳男性が月2万5,110円を20年間払うと、65歳から死ぬまで3万円受け取れる
国民年金基金連合会「国民年金基金パンフレット」より引用
https://www.npfa.or.jp/system/pamphlet.html
https://www.npfa.or.jp/system/pdf/syousai.pdf

間中に加入者が亡くなった場合、遺族に一時金が支払われるのが「A型」。一方、保証は一切ついてないのが「B型」。当然、保険料は、保証付のA型のほうが高くなっています。生命保険機能ありが「A型」、それがないのが「B型」と覚えておくと便利です。

この事例は、終身年金のうち保証付のA型を選択していて、毎月1万2555円の保険料を、60歳になるまで

20年間納めると、国民年金（満額で月6・6万円）に月1万5000円が上乗せされるしくみです。

この事例での説明がやや複雑なのは、ベースになる1口目の終身年金A型に加えて、2口目以降で、65歳からの年金を5000円増額できるオプションを3口追加しているからです。

2口目以降の保険料は、1口当たり4185円。これを3口オプションで追加して、計1万2555円。先のベースとなる1口目1万2555円に、これを加えると計2万5110円になる計算。

これだけの金額を、国民年金本体とは別に毎月コツコツ、20年間納めていくと、65歳からは、毎月3万円の年金が国民年金に上乗せして支給されるようになります。

# 11 終身2種類に確定5種類を組み合わせる国民年金基金

「終身年金A型」の場合、支給開始から15年保証となっています。

これは、65歳に受給開始した加入者が運悪く70歳で亡くなった場合でも、受給開始から15年間の80歳までに受け取る予定だった額が、遺族に一時金として支給されるという意味です。

受給開始前に亡くなった場合でも、保証付タイプなら掛け金を払った期間に応じた一時金が遺族に支払われます。その点は「A型」のほうが圧倒的に安心感がありますね。

A型の保険料は、B型よりも割高ですが、もしものときも安心設計になっているわけです。

一方、自分は扶養家族もいないし、死んだ後の保証なんていらないから、掛け金を安くしてよという人も多いかもしれません。

そんな人は、いきなり1口目から保証なしの「終身年金B型」を選択してもいいでしょう。

## 5タイプある確定年金

2口目以降は、「終身年金」ではなく、あえて「確定年金」を選択することもできます。

「確定年金」は、Ⅰ型～Ⅴ型まで5パターンの商品が用意されています。一見複雑ですが、支給開始年齢と保証期間の年数を組み合わせただけのものです。

まず、支給開始年齢が一般的な65歳開始としているのがⅠ型（保証期間15年）とⅡ型（保証期間10年）です。確定年金ですから、終身年金のように死ぬまでもらえるわけではなく、支給期間が決まっていて、Ⅰ型が65―80歳、Ⅱ型が65―75歳です。65歳スタートで保証期間と同じ年数受給すると覚えておくと便利です。

次に、支給開始年齢を60歳と早めているのがⅢ型～Ⅴ型の3タイプです。

保証期間は、Ⅲ型15年、Ⅳ型10年、Ⅴ型5年と5年ずつダウンしていく設計です。支給は、60歳からそれぞれの保証期間と同じだけの年数に設定されています。

ややこしいので、整理しますと、

**●終身年金＝15年保証のあるA型と、保証の一切ないB型の2タイプ**
**●確定年金の支給開始年齢65歳＝保証・支給期間が10年と15年の2タイプ**
**●確定年金の支給開始年齢60歳＝保証・支給期間が5年、10年、15年の3タイプ**

――の計7タイプを組み合わせて、国民年金に上乗せして受給できるのが国年基金なのです。

## 国民年金基金のタイプの組み合わせ

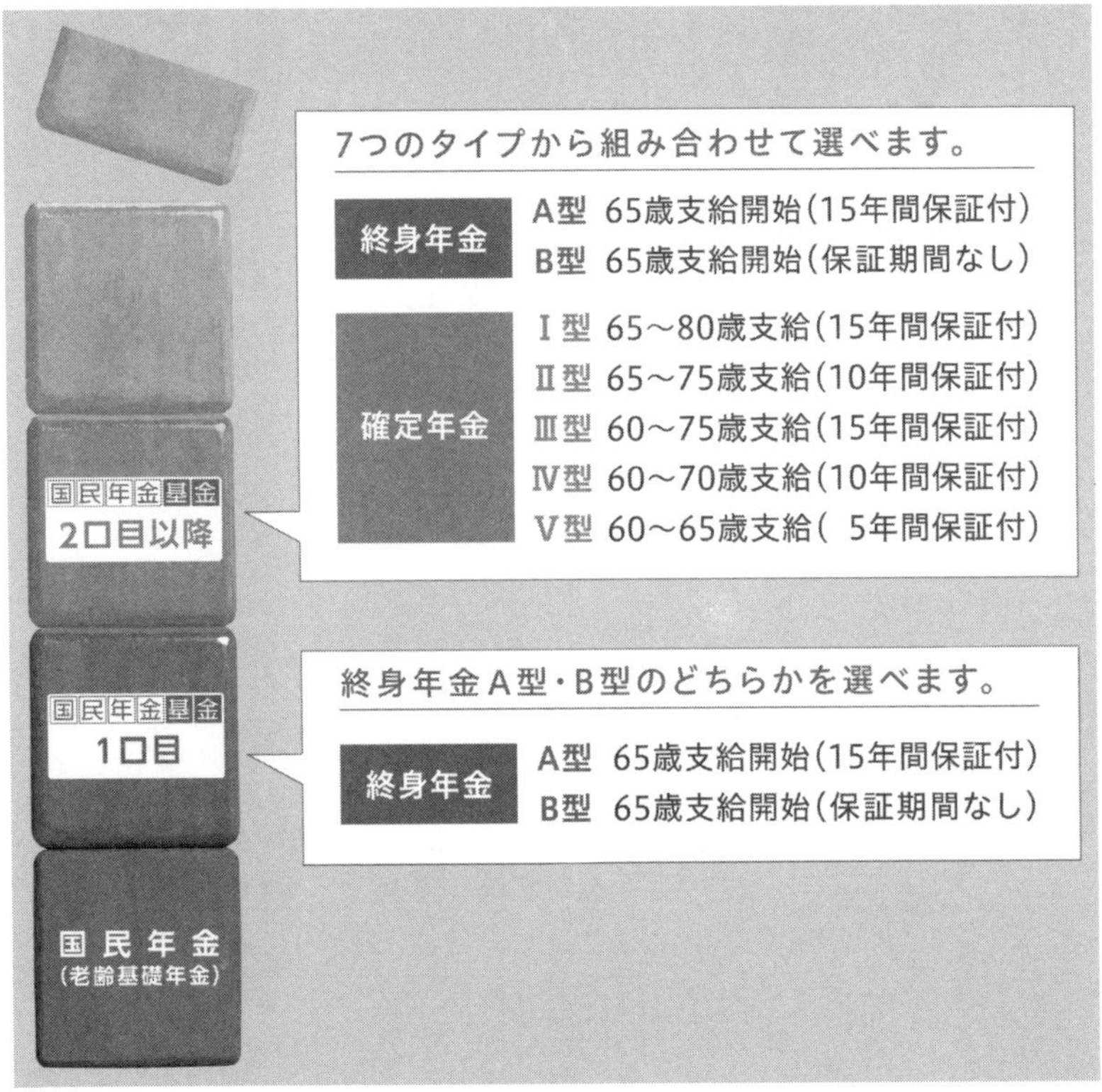


1口目は、終身年金A型（15年間生命保険機能付き）かB型（生命保険機能なし）のどちらかを選択。2口目以降は、同じ終身年金のA型・B型のほか、一定期間のみ給付される確定年金5種類のなかから、支給開始年齢60歳なら3種類（5年、10年、15年）、支給開始年齢65歳なら2種類（10年と15年）のうち、どれかを選択して、1口目と組み合わせることができる。掛け金は終身年金より確定年金のほうが安く、確定年金のなかでは、支給年数が短いほうが安く設定されている。
国民年金基金連合会「国民年金基金パンフレット」より引用
https://www.npfa.or.jp/system/pamphlet.html
https://www.npfa.or.jp/system/pdf/syousai.pdf

# 12 国民年金基金に入ると納める税金がこれだけ安くなる

通常、社会保険料控除は、国民年金本体と生命保険や個人年金が対象になりますが、このうち将来に備える民間の個人年金は、年間４万円しか控除できません。それに対して、国民年金基金ならば、６万８０００円×12カ月＝年間81万６０００円もの控除を受けられます（この限度額は、あとで紹介するイデコ＝個人型確定拠出年金の掛け金も合算した額）。

## 年間9万円も節税できる

確定申告をする際、納めた社会保険料は、全額、課税所得から引いてくれます。国年基金に加入している人ならば、最高81万円もの〝控除〟を手にできるわけですから、課税所得を減らして税金を安くしたい人にとっては「地獄に仏」のような存在になる可能性もあるわけです。

年金型の金融商品の損得をみるとき、「節税メリット」というのが実は結構大きくて、利息がほとんどつかない時代にあっては、この節税効果は、実質的には利息以上の効果をもたらし

## 国民年金基金の節税額はいくらになる?

軽減額速算表

**基金掛金月額○○円 × 12か月 × あなたの税率○○% ＝ 軽減額（概算）○○円**
（1円未満切捨て）

| 課税所得金額 | 所得税および復興特別所得税の合計税率 | 住民税 税率 都道府県 | 住民税 税率 市区町村 | 合計負担率 |
|---|---|---|---|---|
| 195万円以下 | 5.105% | | | 15.105% |
| 330万円以下 | 10.21% | | | 20.21% |
| 695万円以下 | 20.42% | | | 30.42% |
| 900万円以下 | 23.483% | 4% | 6% | 33.483% |
| 1,800万円以下 | 33.693% | | | 43.693% |
| 4,000万円以下 | 40.84% | | | 50.84% |
| 4,000万円超 | 45.945% | | | 55.945% |

年収350万円の会社勤務の人は、所得227万円。上の表にあてはめると、所得税・住民税合わせて20%イコール45万4,000円負担している計算。もし、この人が国民年金基金に月1万円払っていたら、社会保険料控除は年 12 万円増。その分減った課税所得215万円の20%は43万円。結果的に年間2万円以上税金負担が軽くなる。節税額は以下の計算式に数字をあてはめると計算できる。

基金掛金月額＿＿＿円 × **12カ月** × 税率［　　　%］＝ 軽減額（概算）［　　　円］

ます。

　さすがに、国年基金だけで毎月6万8000円もの掛け金を納めるのは現実的ではないかもしれませんが、50代以降の年金を増やすラストスパート世代なら、月3万円・年間36万円も、許容範囲になるかもしれません。

　年間30万円の国年基金を払っている課税所得400万円の人ならば、所得税と住民税を合わせて9万円が節税できると試算されています。

　その結果、国年基金を年間30万円掛けている人ならば、実質的な保険料負担は21万円になるとされています。

# 13 国民年金基金のデメリットと意外な落とし穴

国民年金基金の最大の弱点は、国民年金本体の保険料を払っている期間しか加入することができないことです。厚生年金加入時や、「3号」「免除」「猶予」などを申請中の人は、加入することはできません。

国民年金一筋で40年間納めるというのは現実的ではありません。途中、厚生年金に代わったり、あるいは配偶者の扶養に入って3号被保険者になったり、はたまた失業して保険料未納したりするもの。給与所得者なら、納付期間は長くてもせいぜい10年くらいではないでしょうか。社保なし勤務をしていた主婦（夫）も、働く時間数を少し増やして、自分も厚生年金に加入（保険料の半額は会社負担）したほうがおトクな場面が少なくありません。

また、自営業の人は、事業を会社組織にして、経営者も一社員として厚生年金に加入するケースもめずらしくありません。もはや国民年金だけの保険料をひたすら40年間納め続ける時代ではなくなりつつあります。

ちなみに国年基金に加入している人は、「付加年金」には加入できませんが、国年基金の一口目には、付加と同じおトク部分が含まれています。

## 若者には向かない

まだ年金受給なんて何十年も先の若い人にとっては、国民年金だけでも負担が重いのに、それに加えて国年基金まで保険料を負担し続けるのは現実的ではありません。

国年基金は、一度加入したら解約して換金することはできません。口数をあとから減らした場合でも、その分は将来65歳以降に年金としてもらうしかありません。

30年後の備えのために、いまの生活が破綻したら元も子もありません。

単身者なら40歳を超えてから、妻帯者なら子育てが一段落した50歳前後から、国民年金だけでは足りない部分をカバーする選択肢のひとつとして、慎重に検討するのが鉄則です。

国民年金本体は、税金で負担してくれる部分があったり、インフレに強いなど、国が最低限の生活を支えるために設けた公的制度としての信頼性がありますが、国年基金のほうは、民間の個人年金と基本は同じしくみです。もし、ハイパーインフレが起きても、物価スライド機能はないので、それに対応することはできません。

ですから、10年くらいのスパンで考えるべきものです。あとからご紹介するイデコも含めた確定拠出年金と比較しながら、そのなかでいちばん自分に合うものを選択するのが賢明といえるでしょう。

# 14

# 60歳になってから年金を増やす裏ワザ

国民年金基金の裏ワザ的な活用方法のひとつとして、60歳以降に加入するという方法があります。

60歳といえば、国民年金保険料の納付義務が終わっている年齢ですが、途中未納期間があった人のために、65歳までは「任意加入」という制度があります。

面白いことに、この期間に国民年金を納めている人ならば、国年基金にも加入できるのです。

未納期間が長かったため、60歳になっても受給資格期間（10年以上加入）をクリアできていなかったり、60歳時点では受給できる年金額が少なくて不安な人は、この5年間にリカバリーすることができるわけです。

もちろん、この期間も働いて厚生年金に加入していれば、そちらのほうが有利なのですが、社保なしで国民年金に任意加入する人は、ついでに国年基金にも加入して上乗せ年金を獲得する絶好のチャンスかもしれません。

## 60歳で国民年金基金に加入すると、いくら年金を増やせる？

（単位：円）

| 加入時年齢 | | 加入期間 | 年金額（年額）男女共通 | |
|---|---|---|---|---|
| | | | 1口目 | 2口目以降 |
| | | | A型　B型 | A型　B型　I型 |
| 60歳 | 0月 | 60月 | 60,000 | 30,000 |
| 60歳 | 1 | 59 | 58,970 | 29,485 |
| 60歳 | 2 | 58 | 57,940 | 28,970 |
| 60歳 | 3 | 57 | 56,910 | 28,455 |
| 60歳 | 4 | 56 | 55,880 | 27,940 |
| 60歳 | 5 | 55 | 54,850 | 27,425 |
| 60歳 | 6 | 54 | 53,820 | 26,910 |
| 60歳 | 7 | 53 | 52,790 | 26,395 |
| 60歳 | 8 | 52 | 51,760 | 25,880 |
| 60歳 | 9 | 51 | 50,730 | 25,365 |
| 60歳 | 10 | 50 | 49,700 | 24,850 |
| 60歳 | 11 | 49 | 48,670 | 24,335 |
| 61歳 | 0月 | 48月 | 47,640 | 23,820 |
| | ≀ | | | ≀ |
| 64歳 | 10 | 2 | 1,940 | 970 |
| 64歳 | 11 | 1 | 970 | 485 |

60歳0カ月で加入（65歳まで5年間）すると、1口目6万円に、2口目以降3万円の年金額が設定。この年金額は、加齢にしたがって下落していき、同じ60歳でも、誕生日から11カ月経過すると、1口目4万8670円、2口目以降2万4335万円にダウン。さらに、64歳と11カ月（1カ月納付）では1口目970円、2口目以降485円しかもらえなくなる。払う保険料は次ページ参照。

注：表の加入時年齢とは、加入した日の属する月の末日における年齢のこと。

## 9万円の終身年金を加えるには

（単位：円）

| 加入時年齢 | 1口目 | | 2口目以降 | | | | | | |
|---|---|---|---|---|---|---|---|---|---|
| | 終身年金 | | 終身年金 | | 確定年金 | | | | |
| | A型 | B型 | A型 | B型 | Ⅰ型 | Ⅱ型 | Ⅲ型 | Ⅳ型 | Ⅴ型 |
| 60歳0月 | 20,500 | 19,070 | 10,250 | 9,535 | 7,130 | — | — | — | — |

保険料は、1口目終身年金A型で2万500円。2口目以降は、終身年金A型1万250円と、毎月約3万円程度を60歳0カ月から5年間国民年金本体と別に納めれば、9万円の終身年金を獲得可能なことがわかる。

※年金額は加入時年齢（月単位）により異なる。
※60歳以上の加入については、60歳以上65歳未満で国民年金に任意加入している人が対象。
※加入時年齢が60歳0月以上の方は、Ⅱ型・Ⅲ型・Ⅳ型・Ⅴ型への新規加入および増口はできない。

たとえば、社保なし勤務の60歳・男性のケースで考えてみましょう。1口目が終身年金A型2万500円、2口目以降、終身年金A型1万250円を2口加入して計4万1000円。それだけの保険料を65歳まで5年間払い続けると、いくらくらい年金が増えると思いますか？

その場合、65歳からもらえる年金は、1口目6万円と、2口目と3口目を合わせて6万円の合計12万円。月額にして1万円。掛け金総額は246万円ですから、85歳まで20年生きればモトが取れる計算。終身ですから、さらに長生きしても死ぬまでもらえますし、A型なので、もし早死したとしても、15年分は遺族に一時金として支給されます。

また、払った保険料は全額社会保険料控除の対象になるため、年収240万円（課税所得150万円）の人で試算すると、年間7万4000円税金が安くなります。5年間では約37万円にも！

デメリットは、月4万1000円を国民年金1万

6000円に上乗せした5万7000円もの負担が毎月発生する点です。大変ですが、60歳までに苦労してためた貯金をそこに一気に投入するつもりなら、毎月の家計にはそれほど影響しないでしょう。

そのまま多額の貯金を持っていたとしても、利息はたいしてつきません。少しずつ切り崩していくのも不安なもの。だったら、そのストックを将来の年金に変えておくという考え方もあるわけです。

単純に損得を考えれば、平均寿命まで生きてトントンでは、いい年金とはいえませんが、5年で37万円の節税メリットも考慮すれば、十分に検討に値する方法なのではないかと思います。

# 15 やたらと宣伝されてるイデコって、なに？

〝ｉＤｅＣｏ〟（イデコ）という言葉を聞いたことがあるでしょうか？　ああ、新しい年金で、やたらと宣伝していたなと思った人も多いはず。

「個人型確定拠出年金」のことで、自分で自由に選んだ金融商品を少しずつ積み立てていき、それが60歳以降に年金として、もしくは一時金として受給できるというものです。

なんでそんな制度ができたのかということから、まずは説明しておきたいと思います。

## 企業の責任回避のため？

大企業などに勤務している人には、国民年金の上に厚生年金、さらにその上に、独自の企業年金や厚生年金基金と呼ばれる「三階建て」部分があります。

その部分の掛け金は、ほぼ全額会社が負担してあらかじめ決まった利率で運用。定年退職するときに、退職金とともにそれが一括または何年かにわたって支給されるという非常に手厚い制度になっていました。ちなみに、公務員にも似たような制度があります。

ところが、ある時期から約束の利率で年金資金を運用できなくなりました。赤字ですね。

そこで「確定給付」、つまり、あらかじめ決まった額を将来給付するのではなく、あらかじめ決まった額をそのつど運用する「確定拠出」に変える企業が続出。もちろん国がそう誘導しました。

定年時に、運用成績にかかわらず決まった企業年金を出すよりも、毎月、社員に払う給与の一部を企業年金の掛け金として出してあげる方式にしたわけです。

これなら、あとは運用成績次第なので、企業は将来にわたって責任を負うリスクがなくなります。それがいわゆる「確定拠出型企業年金」なのです。

## 税制優遇が最大のメリット

この「確定拠出型企業年金」には、会社任せにせず、社員個人が自由に運用方法を決めるしくみが導入されました。

そうしたしくみを企業年金制度のない会社の社員や主婦、自営業者などでも広く利用できるようにしたのが「個人型確定拠出年金」＝iDeCo（イデコ）です。

その正体は、積立型の株式や投資信託といった金融商品にすぎません。それを将来の年金として活用できるものと国が認定することで、税制の優遇措置を受けられるようにしたのが最大のメリットといえるのです。

60歳以降に年金として受け取るときには、公的年金控除が受けられますので、ほとんど税金

**イデコは、2階と3階部分を占める年金制度**

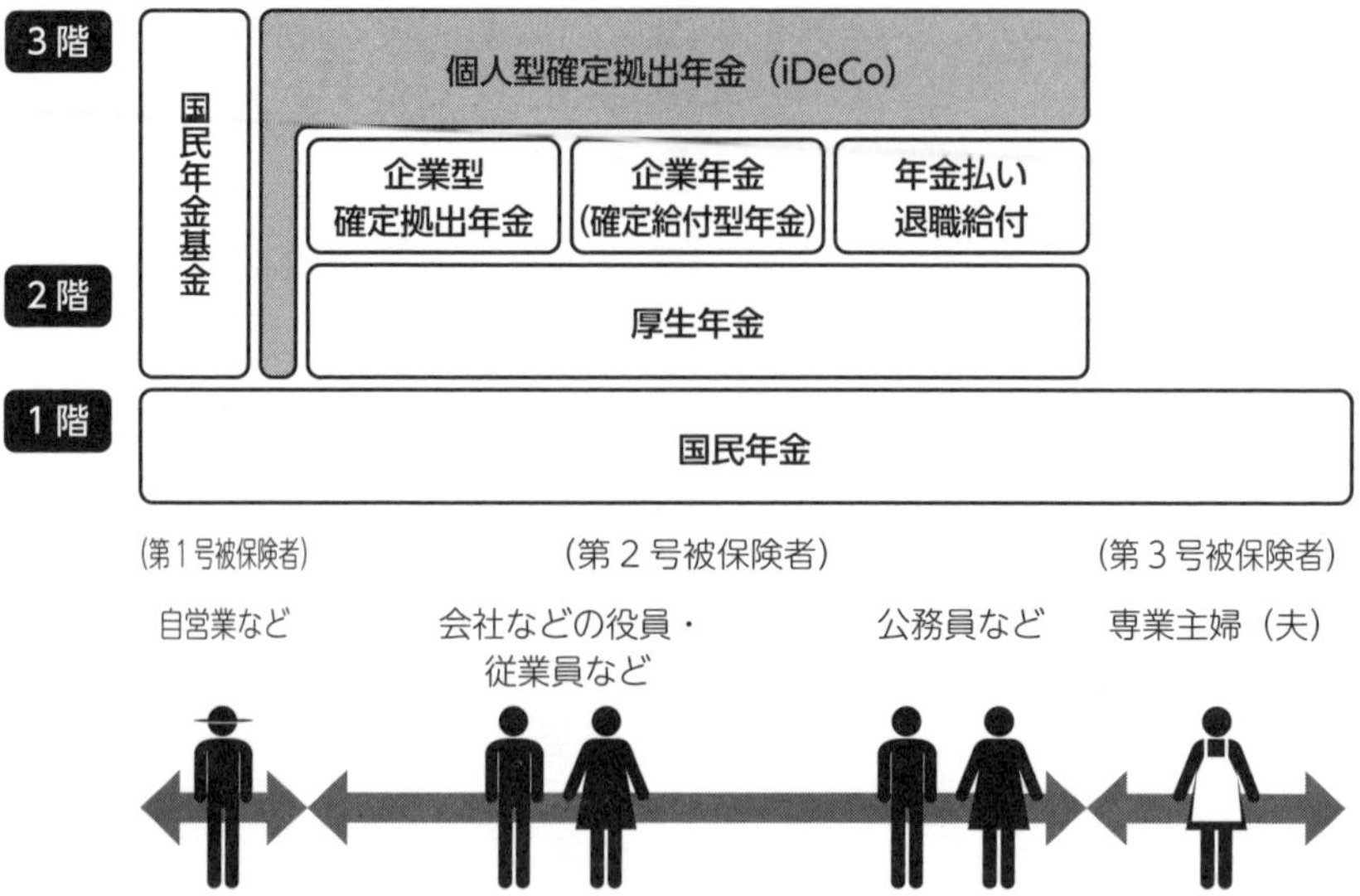


すべての国民をカバーする国民年金（基礎年金）の上に、2階部分を厚生年金、3階部分を企業年金が設置されているが、厚生年金に加入していない人は、国民年金基金とイデコがその上乗せ部分の役割を担っている。

がかかりません。同じく60歳以降、一時金として受け取るときも、退職所得控除が受けられるために、よほど高額でなければ税金はかかりません。

そして、何より掛け金が全額、社会保険料控除となるので、その分だけ課税所得が減り、結果的に納める所得税や住民税が安くなるのです。

そうしたメリットがある反面、当然、デメリットもあります。運用結果については、あくまでも自己責任。それでいて、各種手数料が取られるため、運が悪ければ、払い込んだ額よりも受取額のほうが少ない元本割れもありうるわけです。

# 16 イデコの魅力は、納めた税金が一部戻ってくること

イデコの魅力は、国民年金を払っていないので国民年金基金に加入できなかった人でも、〝上乗せ年金〟を活用できるようになることです。

たとえば、企業年金のない中小会社に勤めている人、年収130万円未満で働いている第3号被保険者（専業主婦・夫）、公務員・私立学校の教員などは、国年基金には加入できませんが、イデコなら加入できます（掛け金の上限額は、それぞれ異なる）。

国民年金保険料の「免除」や「猶予」の申請をしてそれが認められている人は、残念ながらその申請期間中は加入できませんが、過去に「免除」や「猶予」を受けたことがあるというだけなら、加入できます。

では、勤務時間数が少ない（週30時間未満）などの理由で、勤務先が社保に加入してくれない人はどうなるのでしょうか。

その場合、本来、自分で国民年金に加入すべきところなのにしていない「未納状態」ですので、もし「免除」等の申請をしていなければ、国民年金保険料を納付するのが先決です。

## iDeCoに加入すると、どれくらいの節税効果がある?

| | A：iDeCoに加入する場合 | B：iDeCoに加入しない場合 | 差額（B－A） |
|---|---|---|---|
| 所得税 | 71,000円 | 85,100円 | **14,100円** |
| 住民税 | 144,100円 | 171,700円 | **27,600円** |
| 合計 | 215,100円 | 256,800円 | **41,700円** |

年収400万円で扶養家族なしの人がiDeCoに加入して、毎月2万3,000円積み立てた場合、その積立額が全額、社会保険料控除と認められるため、所得税1万4,100円、住民税2万7,600円が軽減され、合計4万1,700円の節税になる。

## iDeCoのメリット

**①掛金が全額所得控除！**
掛金が最高月6万8,000円まで社会保険料控除の対象。その結果、税金負担が軽減される

**②運用益も非課税**
通常の金融商品に対してかかる運用益への税金（源泉分離課税20.315%）がない

**③受取時の控除が大きい**
年金として受け取る場合は「公的年金等控除」、一時金の場合は「退職所得控除」の対象となり、受け取るときの節税メリットがある

それが負担になるようなら、働く時間数を増やして厚生年金に加入するか、それも難しいようなら社保（厚年健保）に加入できる会社に転職するのがベターでしょう。

そのうえで、上乗せ年金としてイデコへの加入を慎重に検討するべきです。

### 年間4万円の節税

イデコに加入すると、本当にトクするのかどうかは、非常に微妙なところです。

というのも、イデコのいちばん手っ取り早いメリットが、現在納めている所得税と住民税が安くなる「節税」なのですが、年収130万

円未満で配偶者の扶養に入っている第3号被保険者などの場合、これらの税負担がそもそもゼロという人も少なくなく、そういう人にとっては、節税メリットは一切ありません。ただ将来のために積み立てをするだけになってしまいます。これでは到底、おトクとはいえないでしょう。

なので、まず見極めないといけないのは、いま自分が年間いくら所得税と住民税を払っているのかを給与明細等から調べておくことです。

そして、これから始めるイデコの年間保険料が全額控除になることで、節税分はいくらになるのかを計算しておきましょう。

年収400万円の人（扶養家族なし）が月2万3000円掛けると、年間の節税額は4万円程度になる計算です（右ページ表参照）。イデコ本体の運用利回りよりも、納めすぎていて、あとから戻ってくる還付金額が、確実に利益をもたらしてくれることを頭にたたき込んでおいてください。

# 17 イデコに入ると大損する4つの落とし穴

イデコを「ワリのいい貯金」ととらえる人が多いのは、一にも二にも節税効果のためです。具体的な事例でみていきましょう。

まず、掛け金ですが、左ページの表をみてください。イデコの掛け金は、限度額が決まっており、専業主婦の場合は、月額2万3000円（年額27万6000円）まで掛けられます。月額5000円以上、1000円単位で自分で設定できます。

パートで年間115万円を稼ぐ専業主婦のAさんが、月1万円をイデコで積み立てた場合、それまで払っていた所得税6100円（復興特別税含む）がゼロになります。そのうえ、それまで1万9500円かかっていた住民税も1万円になり、結果的に約1万5000円の節税になります。

ということは、もし、イデコに掛けた金融商品の利回りがゼロであったとしても、節税分だけでも年間10％超の利息がついたのと同じことになります。

A子さんが年間12万円を銀行の定期預金に預けても、年間100円単位の利息しかつきませ

## iDeCo掛け金の上限額はいくら?

| | | |
|---|---|---|
| （第１号被保険者）**自営業者** | | **月額 6.8 万円**（年額 81.6 万円）（国民年金基金または国民年金付加保険料との合算枠） |
| **会社員・公務員等**（第2号被保険者） | 会社に企業年金がない会社員 | **月額 2.3 万円**（年額 27.6 万円） |
| | 企業型 DC に加入している会社員 | **月額 2.0 万円**（年額 24.0 万円） |
| | DB と企業型 DC に加入している会社員 | **月額 1.2 万円**（年額 14.4 万円） |
| | DB のみに加入している会社員 | **月額 1.2 万円**（年額 14.4 万円） |
| | 公務員等 | **月額 1.2 万円**（年額 14.4 万円） |
| （第３号被保険者）**専業主婦（夫）** | | **月額 2.3 万円**（年額 27.6 万円） |

## iDeCoのデメリット

**①運用成績に左右される**
元本保証の定期預金も選択可能だが、資産を増やすためにはリスクのある投資信託を選択せざるをえず、選んだ商品の成績が悪いと、資産が減るリスクがある

**②原則60歳まで運用中の資産を引き出せない**
年金として、国が税制優遇措置をとっているため、原則として60歳まで解約して換金できない

**③各種手数料がかかる**
加入時や口座維持管理などの手数料を負担したうえ、投資信託の報酬まで手数料がかかるため、手数料がバカにならない

**④所得が低くなると節税メリットがゼロになる**
専業主婦で年収103万円以内になったり、一時的に失業して収入がなくなると、納める税金がゼロになるため、あてにしていた節税メリットが露と消える

※DC：確定拠出年金　DB：確定給付企業年金、厚生年金基金

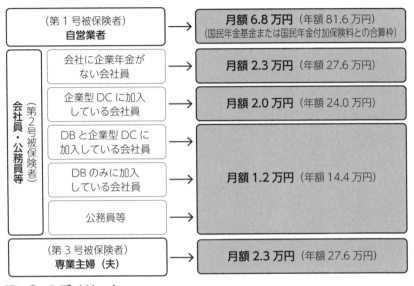

んが、イデコなら1万5000円も〝利息〟がつくわけです。

また、運よく選択した金融商品の成績がその後絶好調に推移し、10年間で積み立てた120万円に10万円の運用益が出たとします。すると、本来その2割の2万円を税金でもっていかれるところが、イデコにしたおかげで税金がゼロ円となって、10万円がまるまるもらえるのです。

このへんが「イデコはおトク!」と言われるゆえんです。

## イデコは〝最悪の選択〟?

しかし、この話には、2つの落とし穴があります。

第一に、もしA子さんが数年後に、パート勤務日数を減らして年収98万円になったらどうなるでしょうか。その場合、彼女が納める所得税・住民税ともにゼロ円になり、イデコでそれまで得ていた節税効果もたちまちなくなってしまいます。

イデコは口座維持管理手数料もかかるので、運悪く、選択した金融商品の運用成績が悪いと、利息がつくどころか、手数料分を引くとマイナスになりかねません。

第二に、ダンナが失業してしまい、自分の貯金を当面の生活費にあてようと思っても、イデコで積み立てた分は原則として解約できません。60歳以降に年金として受け取るしかないため、せっかく貯金したつもりが、いざというときに、まったく役に立たないという窮地に陥ってしまうかもしれないのです。

# 18 イデコは、受け取るときにはどうなっている？

もうひとつ別の事例をみていきましょう。

民間企業に勤務するBさん（40歳）は、毎月2万円をイデコで積み立てています。会社員の場合、勤務先に企業年金があるかないか、あるとしたら確定給付型なのか、それとも確定拠出型なのかによって掛け金の上限が決まってきます。

Bさんの場合は、勤務先に企業年金はあるものの、将来の給付額まで約束してくれる確定給付型ではなく、毎月の拠出額のみ決まっている確定拠出型だったので、掛け金の最高額は2万円でした。

もしBさんの勤務先に企業年金制度がなかったとしたら、上限額は2万3000円までアップします。

で、毎月2万円、自分で選択した投資信託で積み立てしている場合、年間の掛け金24万円がまるまる所得控除できるので、年収400万円とすると、所得税1万2000円、住民税2万4000円の計3万6000円の節税になる計算です。

## 元本割れのリスクも

一方、イデコで積み立てた金融商品が、年1％の利回りで20年間回っていったとすると、積み立て元金480万円に対して、運用益は約51万円になる見込みです。

運用益を受け取るときには、本来2割の10万2000円の税金が差し引かれるのですが、イデコには税制優遇があるので、その税金がゼロになるという特典もあるわけです。

こうみてくると、イデコはいいことずくめのように思えますが、これこそ典型的な机上の空論です。

20年という長きにわたって積み立てていく間にハイパーインフレが起きて、物価が何倍にもハネ上がったとしたら、多少の利回りで増えた分など一瞬にして吹っ飛びます。

何より、自分で運用方法を選択しますので、加入時に利回りが期待できる商品を選ぶと、当然リスクもあるので、運が悪いと20年後には元本が大きく減って、半分になってしまうこともありえるわけです。

どんな状況でもイデコで確実に享受できるのは、リアルタイムで受けられる所得税と住民税の節税効果だけです。

# 19 石橋を叩いて渡る人と、ギャンブルする人の心得

リスクを理解したうえでイデコを活用するならば、以下の3つの鉄則を頭に入れておく必要があります。

**①積み立て期間はできるだけ短くする**
**②リスクの少ない商品を選択する**
**③最初から投資のつもりではじめる**

世間一般では、積立期間が長くなればなるほど、安定的にお金を増やせると言われます。しかし現実には、期間が長くなればなるほど、その間にハイパーインフレや、リーマンショック級の大不況に遭遇する確率も高くなります。

ですから、リスクを減らすためには、期間はできるだけ短くするのがひとつの方法です。具体的には、30代からはじめるのではなく、40歳以降にじっくり検討するのがベター。

**iDeCo 老齢給付金の受け取り開始可能年齢**

| 受け取り開始可能年齢 | 60歳 | 61歳 | 62歳 | 63歳 | 64歳 | 65歳 |
|---|---|---|---|---|---|---|
| 必要な通算加入者等期間 | 10年以上 | 8年以上10年未満 | 6年以上8年未満 | 4年以上6年未満 | 2年以上4年未満 | 1カ月以上2年未満 |

第二に、せっかくだからと、利回りのいい金融商品を選択する人が増えているようですが、イデコを安定的な年金として活用したい人は、逆にリスクをトコトン減らして、「元本保証型」に近い商品を選択するのも重要なことです。

年金として運用するわけですから、不確実な要素はできるだけ排除して、いちばん確実な節税効果だけをゲットするつもりではじめるというのが、初心者が失敗しないための心得と言えそうです。

## リスク投資に最適

一方、イデコを最初から「年金」ではなく、「投資先の選択肢」のひとつとみる人にとっては、ほかにはない税制優遇措置のついた、とても魅力的な運用先に映るはず。

なので、リスクについて十分に理解している人は、思いきって、より高い利回りを期待できるコースを選択してもいいかもしれません。

「保険と貯蓄を一緒にするな」とよくいわれるように、保険で利回りを追求すると掛け金は高くなります。だったら、保険は掛け捨てと割り切って、貯金は別にしたほうが効率的。

年金も似たようなことがいえます。安全第一で石橋を叩いて渡るつもりで年金商品は運用し、それとは別に、余裕資金のある人は、イデコを活用して積極的にリスクを取った投資先を選定するのもひとつの方法です。

ただし、イデコの場合は「60歳になるまで受け取れない」しくみで、しかも60歳で受け取れるのは「10年以上加入」している人だけという独特のシステムは、障害になるでしょう。

特に、51歳以降からはじめる場合は注意が必要です。

たとえば、55歳ではじめると、掛け金を積み立てられるのは60歳までの5年間。右ページの表をみてください。加入期間が「4年以上6年未満」の場合は、63歳にならないと受け取れません。

イデコは、60歳の掛け金積み立て終了後も、毎年口座管理手数料を取られるために、気がついたら赤字になっているかもしれないのです。

## 20 イデコと国民年金基金を組み合わせると節税効果大！

イデコは60歳までしか掛け金を拠出できない点が、国民年金基金とは異なる弱点になっているわけですが、いずれは国年基金と同様に、65歳まで掛け金を積み立てられるようになることが予想されています。

この原稿を書いている時点では、まだ改正はされていませんが、おそらく数年以内に実現するのではないかと、専門家たちの間では言われているのです。

すでに何年も前から国民年金の受給開始は65歳になっているのに、それまで年金を増やせないのは理不尽だからです。

国民年金第1号被保険者の人は、イデコ加入が65歳まで延長されたときこそが上乗せ年金を増やす絶好のチャンスでしょう。

国年基金だけではいまいち物足りない人は、55歳以降に、手元の余裕資金をイデコにつぎ込むのもひとつの方法です。

思い出してください。国年基金とイデコを合わせて月額6万8000円もの税制優遇枠を与

## 国民年金基金とiDeCoは併用できる

国民年金保険料を毎月納めている人なら、国民年金基金と iDeCo を合わせて月額 68,000 円まで、年額にして 81 万 6,000 円も掛けることができる。もちろん全額、社会保険料控除にできるため、その額の 2 ～ 3 割は還付金として戻ってくる。

えられているのは、国民年金加入者だけの特権です。

年間にすると81万円にもなるわけですから、55歳以降の時期に、所得税や住民税を毎年取られて結構な負担になっている場合は、国年基金とイデコの合わせワザで、その負担をゴッソリ軽減できるかもしれません。

国年基金は、終身型を基本に確定的な年金を確保できますので、月額6万8000円の半額を、イデコの比較的利回りのいいものに分散しておくのです。

65歳以降に受給するときには、通常の金融商品で増やしたときに引かれる運用益の税金も減額できるので、その点でもおトクです。

55歳からの10年間のうちに、手元にある余裕資金を年金に少しずつ変えていくというマジックが、これで完成するわけです。

# 6章

# トクする年金のもらい方 基本編

# 序 65歳までどうやって生きていくの？

最近60歳になったMさんは、定年退職後も長年勤めた会社に再雇用されて働くことにしました。

収入は激減して役職も解かれたうえ、1年契約という条件でしたが、年金がもらえる65歳まで、なんとしても食いつながねばなりません。

他の会社へ転職するよりは有利だろうと思って、再雇用を選んだものの、現実には厳しいことばかり。60歳以降がこんなにも苛酷だとは夢にも思っていませんでした。

もっと別の選択肢があったのではないかと、最近は、あれこれ考えることが多くなってきましたが、そもそも定年前後の制度に関する知識が圧倒的に不足していたことを後悔するばかりでした。


年金受給開始年齢が70歳になるのではないかとか、公的年金制度は崩壊寸前に陥っているなどと騒がれることが多くなってきました。

しかし、年金受給のゴール自体はまだ遠くても、おぼろげながらその背中がみえてきたアラフィフ（50代）世代にとっては、闇雲に将来に不安を抱くよりも、まもなく訪れるであろう現実を考えることのほうが先決ではないでしょうか。

年金制度の改革は、10年単位で行なわれるものです。いま改正が話題になっていることも、すぐに実現するわけではありません。もし、受給開始年齢が70歳になるとしても、いまの若い人が適用になる話なので、とにかく現行制度の知識のほうが大切です。

もちろん、現行制度においても、国民年金がメインの人にとっては、65歳以降の生活をどう維持していくかが大きなテーマになってきます。

そのとき、年金制度の枠だけで考えようとせず、雇用保険や健康保険など周辺の制度をうまく活用しながらトータルで生涯設計をしていく必要があるでしょう。

たとえば、少し前まで、65歳以降は雇用保険に新たに加入できませんでした（65歳までに加入していた人は、65歳以降に退職しても受給可）が、２０１６年からは、65歳以降の転職者も新規に加入できるようになりました。

これにより、65歳以降、雇用保険もフルに活用できます。その分、年金の受給開始を遅らせて、後により多くの年金をもらう選択肢だってあるのです。

また、働いて収入を得ながら年金をカットされずに済む方法などを事前に頭に入れて行動することで、定年退職後に訪れるピンチもうまく切り抜けていけるでしょう。

# 1 何歳まで、いまの会社で働けるのか

## Q1 60歳定年後は、どうしたらいい？

企業は、社員が60歳から65歳になるまでの間について、なんらかの雇用確保措置を講じることが、高年齢者雇用安定法によって義務づけられています。

具体的には、定年年齢の引き上げ、継続雇用制度、定年廃止のどれかを導入すればいいのですが、定年廃止や定年年齢の引き上げを行なっている企業はまだ少なく、ほとんどの企業では、継続雇用制度を導入することで、この要件を満たしています。

だからといって必ずしも65歳まで雇用が約束されるわけではなく、65歳までの継続雇用制度が設けられているだけです。

## Q2 継続雇用制度とは、どういう制度？

勤務延長型と再雇用型に分かれます。

定年年齢に達しても退職せずに、そのまま勤務し続けるのが勤務延長型。それに対して、一度定年時に退職した後に、会社と新たに契約を結んで働くのが再雇用型です。

勤務延長型は、役職は変わらず給与などの条件も同じ。文字通りこれまで通りの条件で勤務を延長できます。

一方の再雇用型は、一度退職した形になり、再雇用後は非正規扱いで給与が大幅減になるのが一般的です。

多くの企業で導入されているのは再雇用型です。いずれのタイプでも、退職金は定年時に支払われます。

## Q3 希望者は全員再雇用される？

会社は、継続雇用する基準をあらかじめ設けておき、その基準を満たさない社員は再雇用しない、とすることができます。ただし、その基準は、労使協定によって定めることが義務づけられていますから、むやみに「能力のない人は、再雇用しない」とすることは許されません。

労働組合がない場合は、労働者の過半数を代表する者との協定が必要です。

## Q4 どんな基準で選ばれる？

継続雇用の基準は、仕事に対する意欲や能力をより具体的に測定できるもので、なおかつ労働者が自分はその基準に適合するか否かを容易に予測することができる、客観的なものでなければなりません。

いまのところ、多くの企業が希望者のほぼ全員を再雇用する体制をとっているようです。人件費が安い再雇用組を減らすことにあまりメリットはなく、むしろこの人手不足の折には、激安賃金で使える経験豊富な人材として重宝されているのが実情です。

# 2 何歳からいくら年金をもらえるか

## Q5 国民年金より先に厚生年金をもらえる？

国民年金（老齢基礎年金）は、すべての人が65歳から受給開始ですが、厚生年金も同じだと思っていませんか？

１９８６年の法改正によって、老齢厚生年金の受給開始年齢は60歳から65歳へと引き上げられることになりましたが、いきなり引き上げるわけにはいきません。そこで、徐々に引き上げられることになり、開始年齢を61歳、62歳、63歳と段階的に引き上げていきました。

老齢厚生年金も、老齢基礎年金（国民年金部分）と同じく完全に65歳支給になるのは、男性で１９６１年４月２日生まれ以降、女性で１９６６年４月２日生まれ以降です。

それまでは「特別支給の老齢厚生年金」（特老厚）として、65歳よりも前に、一部分（報酬比例部分）が先行して支給されるしくみです。

## Q6 65歳よりも前に厚生年金をもらえる人は？

国民年金も含めた公的年金に10年以上加入して、保険料を納めていて、なおかつ、厚生年金に1年以上加入していることが必要です。

さらに、年齢でいえば、男性で1961年4月1日、女性で1966年4月1日以前に生まれた人です。

この年代の人は、国民年金本体である老齢基礎年金は65歳から支給開始ですが、厚生年金については、生年月日によっては64歳以前から受給できます。

たとえば、1957年4月2日〜1959年4月1日生まれの男性ですと、63歳から〝特別支給の老齢厚生年金の比例報酬部分〟として年間約118万円受給し、65歳になると、定額部分である老齢基礎年金78万円も合わせた満額で196万円受給するというようなしくみです。

自分は、厚生年金を何歳からもらえるかを203ページの表から探してみてください。

厚生年金も合わせた年金の満額支給は、ほぼ65歳になっていますから、いまの会社でもし60歳で定年退職を迎えるのであれば、そこから65歳までの〝空白の○年間〟をどう乗り切っていくかが今後の大きな課題になってくるでしょう。

## Q7 65歳より早くもらえる厚生年金って、いくらくらい？

65歳よりも前にもらえる厚生年金は報酬比例部分（特老厚）なので、その人が現役時代にもらっていた給与の額によっても大きく異なってきます。

ごくおおざっぱにいって、在職全期間にもらっていた給与（2003年4月以降は賞与も含む）の平均額が35万円だとしますと、40年加入で月に10万円弱です。

## Q8 65歳からもらえる厚生年金の定額部分っていくら？

現役時代の給与の額にかかわらず、20歳から60歳まで40年フルに加入すると、年間78万円程度です。

国民年金の65歳から受給できる老齢基礎年金に相当する部分で、1年間保険料を納めるごとに2万円弱ずつ増えていくしくみ。名目が異なるだけで、これは国民年金メインで加入している人もまったく同じ条件です。

将来の受取額については、毎年送られてくる「ねんきん定期便」に、60歳までいまと同じ条件で保険料を払い続けた場合の受け取り予想額が記載されていますので、それをチェックしてみてください。50歳以上でしたら、多少の誤差はあるにしても、めやすにはなるでしょう。

## Q9 65歳よりも前に年金をもらいはじめると損？

そんなことはありません。

「老齢年金は、60歳からもらうと損。受給開始を遅らせたほうがトク」なのは、「繰り上げ請求」といって、本来は65歳から支給開始のところを、それよりも早く繰り上げてもらった場合のこと。

もともと65歳前からもらえることになっている特別支給の老齢厚生年金（特老厚）は、予定通りもらうわけですから減額されることはありません。特老厚には、繰り上げ請求という制度もありません。

なので、65歳前の厚生年金は、自分が該当する年齢に達したら、すぐに請求してもらい始めるのが鉄則です。

## Q10 会社が60歳定年なら、60歳以降、これまで通り継続勤務して給与をもらいながら同時に年金ももらえる？

もらえます。ただし、60代前半の厚生年金は、段階的に受給開始年齢が高くなっていて、男性ですと、2020年に60歳になる1960年4月2日生まれの人は、すでに支給開始が64歳になっています。

### 厚生年金は何歳からもらえるか?

<table>
<tr><th rowspan="2">生年月日</th><th colspan="6">受けられる年金</th></tr>
<tr><th>60歳</th><th>61歳</th><th>62歳</th><th>63歳</th><th>64歳</th><th>65歳</th></tr>
<tr><td>男 1949.4.2～1953.4.1</td><td colspan="5">報酬比例部分</td><td>老齢厚生年金</td></tr>
<tr><td>女 1954.4.2～1958.4.1</td><td colspan="5"></td><td>老齢基礎年金</td></tr>
<tr><td>男 1953.4.2～1955.4.1</td><td></td><td colspan="4">報酬比例部分</td><td>老齢厚生年金</td></tr>
<tr><td>女 1958.4.2～1960.4.1</td><td colspan="5"></td><td>老齢基礎年金</td></tr>
<tr><td>男 1955.4.2～1957.4.1</td><td></td><td></td><td colspan="3">報酬比例部分</td><td>老齢厚生年金</td></tr>
<tr><td>女 1960.4.2～1962.4.1</td><td colspan="5"></td><td>老齢基礎年金</td></tr>
<tr><td>男 1957.4.2～1959.4.1</td><td></td><td></td><td></td><td colspan="2">報酬比例部分</td><td>老齢厚生年金</td></tr>
<tr><td>女 1962.4.2～1964.4.1</td><td colspan="5"></td><td>老齢基礎年金</td></tr>
<tr><td>男 1959.4.2～1961.4.1</td><td></td><td></td><td></td><td></td><td>報酬比例部分</td><td>老齢厚生年金</td></tr>
<tr><td>女 1964.4.2～1966.4.1</td><td colspan="5"></td><td>老齢基礎年金</td></tr>
<tr><td>男 1961.4.2以降</td><td colspan="5"></td><td>老齢厚生年金</td></tr>
<tr><td>女 1966.4.2以降</td><td colspan="5"></td><td>老齢基礎年金</td></tr>
</table>

←60歳代前半の老齢厚生年金→

※障がい者および44年以上加入して退職した人は、定額部分・報酬比例部分ともに60歳支給開始。

ですので、63歳までは年金はなく、毎月の稼ぎだけでやっていかなければなりません。64歳の1年だけ、給与を得ながら年金ももらえるダブル収入生活が実現するわけです。

一方、女性の場合は、男性よりも5年遅れの設計になっていますので、2020年に60歳になる1960年生4月2日まれの人は、支給開始は62歳です。

その場合、61歳までは、定年後も年金なしですごさないといけませんが、62歳から65歳になるまでは、いまの会社、または転職先で働いて給与をもらいながら、厚生年金の報酬比例部分をもらえるわけです。

ちなみに、男性で1961年4月2日以降生まれ、女性で1966年4月2日以降生まれの人は、65歳前の支給は完全になくなり、すべての年金が65歳支給開始になります。

## Q11 65歳前に年金をもらっている人が、働いて給料ももらうと、年金が減額されるってホント?

本当です。といっても、誰もがそうなるわけではなく、再雇用後もフルタイムで働いて厚生年金に加入した場合、年金と給与の合計収入が一定額以上になると、年金が減額されることがあります。

具体的には、65歳未満の人ですと、年金と給与を足した額が月28万円（65歳以降は月47万円）を超えたとき、その超えた部分の2分の1に相当する額が年金から引かれてしまいます。

たとえば、年金が月約12万円、給与20万円で合計月収32万円なら、28万円を超過した4万円の半額にあたる2万円が年金から引かれる計算です。

このように、働いて厚生年金に加入しながらもらう年金を「在職老齢年金」と呼んでいます。

## Q12 厚生年金は、大幅減額されることもある?

その可能性はあります。注意したいのが再雇用された初年度です。

### 60歳から64歳までの在職老齢年金のしくみ

| 年金と賞与込月給 | | 計算方法（減額後の年金支給額） |
|---|---|---|
| ① | 年金と賞与込月給の合計額が28万円以下 | 全額支給 |
| ② | 賞与込月給が47万円以下で年金が28万円以下 | 年金－（賞与込月給＋年金－28万円）÷2 |
| ③ | 賞与込月給が47万円以下で年金が28万円超 | 年金－賞与込月給÷2 |
| ④ | 賞与込月給が47万円超で年金が28万円以下 | 年金－｛（47万円＋年金－28万円）÷2＋（賞与込月給－47万円）｝ |
| ⑤ | 賞与込月給が47万円超で年金が28万円超 | 年金－｛47万円÷2＋（賞与込月給－47万円）｝ |

年金＝加給年金額を除いた特別支給の老齢厚生年金の月額
賞与込月給＝（その月の標準報酬月額）＋（直近1年間の標準賞与額の合計）÷12

在職老齢年金を計算するときの「月給」＝「総報酬月額相当額」は「直近1年間にもらった賞与」を含むのがポイント。

たとえば、再雇用前1年間に120万円（60万円ずつ2回）ボーナスをもらっていると、再雇用後の月給が20万円でも、過去1年間にもらったボーナス分の月あたり10万円を足した「総報酬月額相当額」は、30万円になります。

これに年金月12万円を足した42万円がその人の合計月収になるわけです。

65歳までの在職老齢年金は、合計月収月28万円を超えた場合、その超えた額の半額をカットされるしくみです（28万円を超えなければ、年金は全額支給／ボーナスを含む総報酬月額相当額が47万円超は、上図参照）。

この場合、合計月収42万円から28万円を引いた14万円の半額7万円の年金がカットされる計算。

その結果、この人は年金を12万円もらえると思っていたら、実際には、5万円しかもらえないことになるわけです。

60歳定年の場合、収入が激減する再雇用の初年度に、厚生年金をもらえる年代の人は、すでにほとんどいなくなってしまいましたが、厚生年金をもらいはじめる62歳〜63歳までは給与条件が変わらずに働ける人は、いまでもこの落とし穴に陥る可能性がありますので、十分に注意が必要です。

ただし、この在職老齢年金は、60歳以上の就労の障害になっているとの批判があり、いま国が進めている、社会保険加入者を増やす施策とも合わないため、近々廃止されるのではないかといわれています。

油断は禁物ですが、そうなったら、年金カットを気にすることなく、堂々と働いて稼ぎながら年金も減額されずにもらえるようになるはずです。

## Q13 年金をカットされずに働く方法はないの？

あります。在職老齢年金は、定年退職後も厚生年金に加入して働き続けることを前提にしてつくられた制度です。

なので、60歳以降、厚生年金に加入せずに働く場合は、この制度の対象にはならず、いくら働いて稼いでも年金は1円も減らされません。

## Q14 厚生年金に加入しない働き方とは？

厚生年金と健康保険がセットになった社会保険は、1週間および1カ月の所定労働時間が一般社員の4分の3以上で加入します。

一般社員が週40時間とすると、週30時間までなら社保には加入しなくてもいいわけです（その他の要件は下図参照）。

65歳までの厚生年金を減額されそうな人は、週30時間未満の社保なしの条件で働くことで、働きながら年金を満額受給できるわけです。

ただし、そうすると、非正規雇用になりますから、身分が不安定になることは覚悟しないといけません。また、自分で国民健康保険の保険料を全額負担しないといけません。

### 社会保険（厚生年金と健康保険）の加入要件

| |
|---|
| 1週の所定労働時間および1月の所定労働日数が常時雇用者の4分の3以上 |

一般社員の所定労働時間および所定労働日数の4分の3未満であっても、下記の5要件をすべて満たす人

| |
|---|
| ① 週の所定労働時間が20時間以上 |
| ② 雇用期間が1年以上見込まれる |
| ③ 賃金の月額が8.8万円以上である |
| ④ 学生でない |
| ⑤ 常時501人以上の企業（特定適用事業所）に勤めている |

## Q15 60歳以降は、国民年金も厚生年金も保険料を納めなくていい？

はい。保険料納付は、どちらも原則60歳までです。年金支給は原則65歳ですから、60歳になると年金を満額もらうまでは保険料負担もなくなるのは嬉しいですね。

ただし、公的年金の加入年数が満期（40年）よりも少ない人は、60歳以降も任意で国民年金に加入して保険料を納め続けることができます。

年金の受給資格は、国民年金と厚生年金等トータルで10年以上加入と、比較的容易にクリアできるようになったものの、国民年金が満額もらえる40年からすれば、未納期間が長い人はかなり不利です。

そこで、60歳以降も加入して、少しでも加入期間を長くしたいと思う人は、国民年金に任意加入して65歳までの5年間、加入期間を延ばせるわけです。

## Q16 任意加入をしないで損しがちな人は？

未納期間のある専業主婦（夫）です。

60歳で40年の満額を達成できるのは、未納期間ゼロの人だけ。未納のある人は、60歳以降も国民年金に任意加入しないと満額には届きません。

専業主婦だった人は、60歳以降もそのまま夫の扶養配偶者であれば、いずれ満額になるだろう思われるかもしれませんが、第3号被保険者になれるのは59歳までです。

なので、未納期間のある第3号被保険者だった人が、基礎年金部分を満額もらうには、60歳以降、国民年金の保険料を自己負担するか、働く時間数を増やすなどして、自ら厚生年金に加入するしかありません。

## Q17 国民年金に任意加入してモトがとれる?

国民年金の保険料は、現在1万6410円。年額にすると約20万円ですから、60歳～65歳までの5年間の間にざっと100万円を納めることになります。

一方、もらえるほうの国民年金は、1年間保険料を納付するごとに、1万9500円（40年満額で78万円）ずつ増えていきます。

60歳以降に任意加入して、5年間保険料納付を延長すると、9・75万円年金が増える計算です。

ということは、65歳から10年で97万5000円もらえるわけですから、74歳時点で60歳～64歳までの5年間に納めた保険料100万円のモトが取れるわけです。

月々の収入から無理して保険料を払うのではなく、手元にある貯金を年金に振り替えるつもりで加入するといいでしょう。

ほとんど利息のつかない定期預金や元本割れリスクのある金融商品で増やそうとするより

も、死ぬまで定額をもらえる国民年金の任意加入のほうが有利です。

## Q18 厚生年金も60歳以降加入できる？

もちろん。社会保険加入の要件を満たした状態で働く場合は、60歳以降も厚生年金に加入して加入年数を延ばせます。

## Q19 すると、65歳前の報酬比例部分の厚生年金はもらえなくなる？

そんなことはありません。支給要件を満たした人は、65歳前から在職老齢年金としてもらうことができます。

在職老齢年金は、給与と年金の総収入が高い人ほど年金をカットされる恐れが出てくるのですが、逆に、給与が高くな

### 65歳になるまで5年間国民年金を任意加入すると……

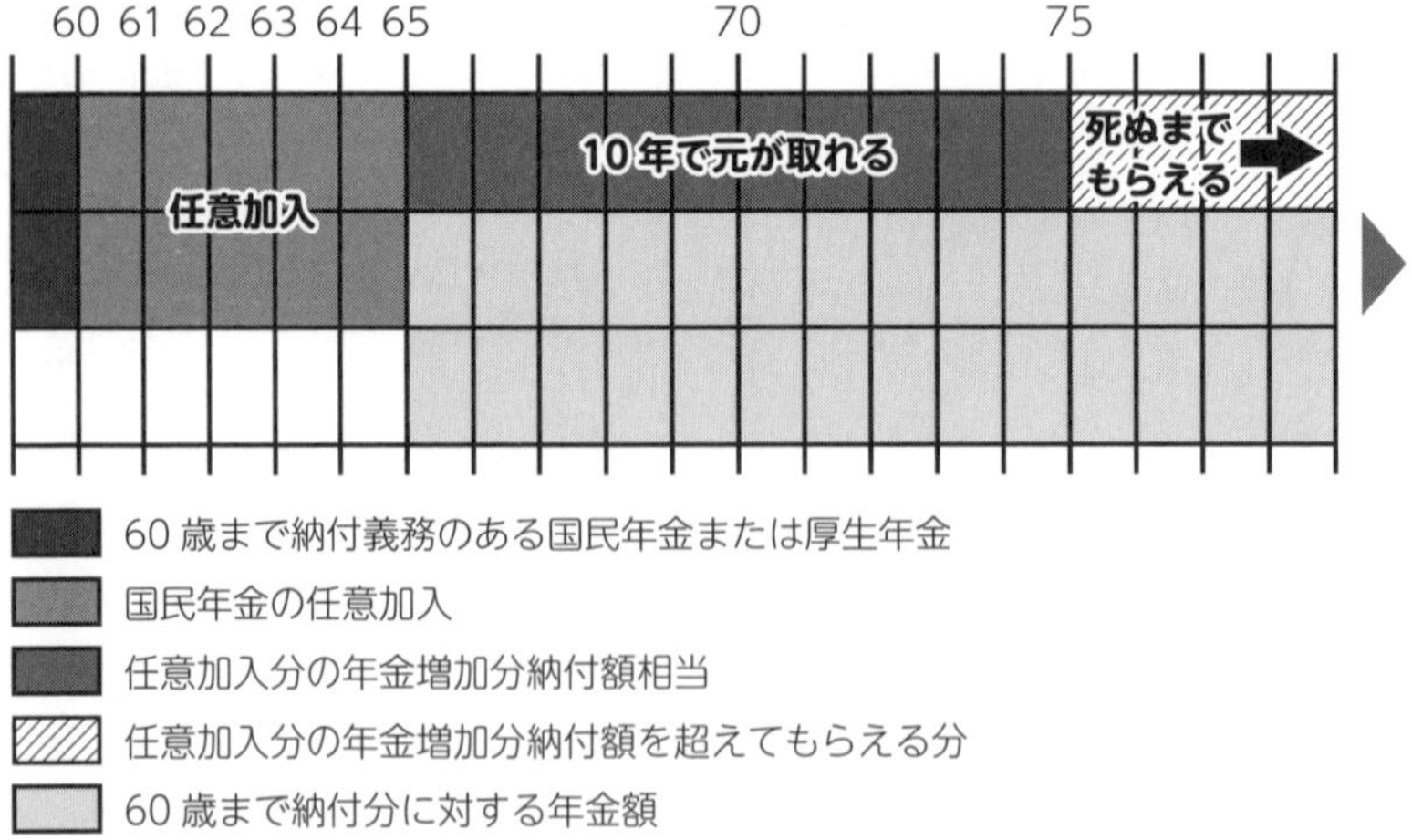


40年満期に5年以上足りない人が、60歳から5年間国民年金に任意加入すると、65歳になるまでに約100万円保険料を納めることになる。そうすると65歳から9.75万円年金が増えることに。任意加入した分の保険料総額100万円は約10年でモトが取れ、75歳以降1年でも長生きすればするほどトクになる。

い人や、厚生年金をあまり掛けてこなかった人にとっては、年金カットをほとんど気にせずに働けるケースも出てくるでしょう。

なので、厚生年金の報酬比例部分をもらいながら、厚生年金に加入して加入年数を長くすることで、将来もらえる年金を増やすという裏ワザが実現できてしまうのです。

## Q20 60歳以降、国民年金よりも、働いて厚生年金を掛け続けたほうが有利？

国民年金の未納期間があり、今後少しでも加入年数を長くしたいと考えている人ならば、厚生年金という選択肢も当然、検討すべきでしょう。

国民年金ですと、保険料は全額自己負担のうえ、バカ高い市町村国保もセットになるので、人によってはかなり負担が重く感じられるもの。

そんな人は、フルタイム勤務して厚生年金に加入したほうが有利かもしれません。

## Q21 厚生年金よりも国民年金に加入したほうがおトクなケースはある？

60歳までは、国民年金、厚生年金ともに保険料を納付する義務がありますので、どちらかに加入しなければなりませんが、国民年金のほうが有利なケースも、もちろんあります。

年収の高い人の場合、厚生年金だと最高額は標準報酬月額62万円で、保険料は11万3000

円。会社と折半しても、月額5万6000円にもなります。

保険料の高い人は、将来の年金も高くなる報酬比例部分とはいえ、それも限度があるため、あえて国民年金の月1万6000円を払うほうがおトクと考える人も、数は少ないですが、世の中に確実にいるのが現実です。

## Q22 国民年金だけで将来の年金を増やすには?

厚生年金にはない、国民年金加入のメリットもあります。

それは、60歳以降でも国民年金基金に加入できることです。

国民年金基金は、60歳以降65歳まで掛け続けることができる(イデコは現状60歳まで)ので、手元の貯金をそちらに振り分けて、将来の年金を増やしたいと思っている人にはもってこいの運用先なのですが、国民年金本体に加入している人でないと、加入できないのが難点でした。

そこで、60歳以降、働いていても厚生年金に入らず、あえて国民年金のままで、全額保険料を自己負担するのもひとつの選択肢として検討してみるべきです。

国民年金基金は、月額にして最高6万8000円まで掛けられます。

これが全額、社会保険料控除と認めてもらえる隠れメリットもあるので、節税したい人にとっても、結構な効果が期待できるかもしれません。

ただし、60歳からの5年間だと、国民年金基金6万8000円の上限額めいっぱい掛けたとしても、65歳からの年金は9万円程度にしかなりませんので、過度の期待は禁物です。それよりも、掛け金が全額控除される節税効果をメインに考えるのが得策です。

## Q23 年金を65歳よりも早くもらうことはできない？

できます。65歳からもらえる老齢基礎年金を65歳になるよりも早くもらうことを「繰り上げ受給」と呼びます。

繰り上げ受給をすると、本来もらえるはずだった額よりも減額（1カ月繰り上げるごとに0・5％）され、その額は生涯変わりません。なので、結果的には損でしょう。

逆に、65歳からもらえる老齢基礎年金・老齢厚生年金を、わざと遅らせてもらう方法もあり、それを「繰り下げ受給」と呼びます。

こちらは、繰り上げとは逆に、遅らせた分だけ年金額が増える（1カ月繰り下げるごとに0・7％）ので、65歳以降も働いて結構な収入があり、なおかつ、かなり長生きする自信のある人ならば、繰り下げ受給を検討してみてもいいかもしれません。

# 7章

# トクする年金のもらい方 雇用保険編

# 序 雇用保険をもらうと年金停止？

定年になってから3年間、再雇用で働いてきたSさんは、63歳で退職後、ハローワークで雇用保険の受給手続きをしたところ、受け取れる手当があまりに少ないことにビックリしました。

オマケに、失業手当を受給すると、ようやくもらえるようになった厚生年金の報酬比例部分が支給停止になるといわれて二度ビックリ。こんなことなら、雇用保険なんか申請するんじゃあなかったと、激しく後悔することになったのです。

定年前後にかかわる年金の知識は、誰もがひととおり勉強しようとするものですが、年金と雇用保険の関係となると、ややこしくなりすぎるせいか、たいした知識も仕入れないまま、いきあたりばったりで行動しがちです。その結果、Sさんのように「こんなことなら、こうしておけばよかった」という後悔ばかりが出てくるのです。

そこで本章では、年金と密接に関係してくる60歳以降の雇用保険についてみていきます。

## Q1 雇用保険と厚生年金を同時にもらうことはできない？

できません。残念ながら、雇用保険の基本手当を受給している間は、65歳前の老齢厚生年金の支給は停止されます。

厚生年金の報酬比例部分（部分年金）をもらえる人が失業した場合、年金と雇用保険のどちらか多いほうをもらうしかありません。

部分年金は、せいぜい月数万円～10万円程度ですから、基本手当をもらったほうがオトクなケースが圧倒的に多いのが現実です。

なので、60歳以降に失業したら厚生年金は一時停止して、雇用保険を優先して考えたほうが有利です。

男性の場合、これから65歳前の部分年金をもらえるのは、1～2年間になっていますが、女性ならもう少し長い期間、雇用保険を活用できるはずです。

## Q2 雇用保険って、何日分もらえるの？

雇用保険の基本手当（一般的に「失業手当」と呼ばれるもの）は、退職前2年間に12カ月以上加入していると受給権が発生し、被保険者期間（雇用保険の加入年数）の長さによって90日から最長で150日もらえます。1日あたりの額は、在職中の賃金日額の45～80％です（60歳未満は、50～80％）。

リストラなど会社都合で退職した場合に限っては、退職前1年間に6カ月以上加入で受給資格が得られ、もらえる日数も自己都合より優遇されていて、最長で330日です。

定年退職の場合は、基本的には自己都合として扱われるため、給付日数の割増はありませんが、一般の自己都合退職者に課せられる3カ月間の給付制限はなく、7日間の待期の後、すぐに支給対象になります。

## 失業手当の算出方法

### ■失業手当を１日にいくらもらえる？

#### ①「賃金日額」を求める

賃金日額 ＝ 退職前６カ月の給料の総額（ボーナスを除く） ÷ 180

#### ②「基本手当日額」を求める

①で求めた「賃金日額」を〈表Ａ〉にあてはめ、その「給付率」を掛けると「基本手当日額」が出る。ただし、※印のゾーンについては、以下の計算式で正確な「基本手当日額」を出す（1円未満の端数は切り捨て）。

なお、「賃金日額」と「基本手当日額」は〈表Ｂ〉のように下限額が定められている。

［※１のケース］

Y＝0.8W－0.3{(W－5,010)／(12,330－5,010)}W

［※２のケース］

Y＝0.8W－0.35{(W－5,010)／(11,090－5,010)}W

Y＝0.05W＋(11,090×0.4)

のいずれか低いほうの額

W＝賃金日額・Y＝基本手当日額

**〈表Ａ〉**

**【1】離職時の年齢が30歳未満・65歳以上**

| | 賃金日額 | 給付率 | 基本手当日額 |
|---|---|---|---|
| | 2,500円～ 5,010円 | 80% | 2,000円～4,008円 |
| ※1 | 5,010円～12,330円 | 80～50% | 4,008円～6,165円 |
| | 12,330円～13,630円 | 50% | 6,165円～6,815円（上限額） |

**【2】離職時の年齢が30歳以上45歳未満**

| | 賃金日額 | 給付率 | 基本手当日額 |
|---|---|---|---|
| | 2,500円～ 5,010円 | 80% | 2,000円～4,008円 |
| ※1 | 5,010円～12,330円 | 80～50% | 4,008円～6,165円 |
| | 12,330円～15,140円 | 50% | 6,165円～7,570円（上限額） |

**【3】離職時の年齢が45歳以上60歳未満**

| | 賃金日額 | 給付率 | 基本手当日額 |
|---|---|---|---|
| | 2,500円～ 5,010円 | 80% | 2,000円～4,008円 |
| ※1 | 5,010円～12,330円 | 80～50% | 4,008円～6,165円 |
| | 12,330円～16,670円 | 50% | 6,165円～8,335円（上限額） |

**【4】離職時の年齢が60歳以上65歳未満**

| | 賃金日額 | 給付率 | 基本手当日額 |
|---|---|---|---|
| | 2,500円～ 5,010円 | 80% | 2,000円～4,008円 |
| ※2 | 5,010円～11,090円 | 80～45% | 4,008円～4,990円 |
| | 11,090円～15,890円 | 45% | 4,990円～7,150円 |
| | 15,890円～ | ― | 7,150円 |

**〈表Ｂ〉**

| 賃金日額下限額 | 基本手当日額下限額 |
|---|---|
| 2,500円 | 2,000円 |

（令和元年８月１日改訂）

## 法改正後の所定給付日数

### ■失業手当を何日分（所定給付日数）もらえる？

〈自己都合で退職した人〉

| 被保険者期間 ＼ 年齢 | 10年未満 | 10年以上<br>20年未満 | 20年以上 |
|---|---|---|---|
| （制限なし） | 90日 | 120日 | 150日 |

〈会社都合で退職した人（特定受給資格者）〉

| 被保険者期間 ＼ 年齢 | 1年未満 | 1年以上<br>5年未満 | 5年以上<br>10年未満 | 10年以上<br>20年未満 | 20年以上 |
|---|---|---|---|---|---|
| 30歳未満 | 90日 | 90日 | 120日 | 180日 | — |
| 30歳以上<br>35歳未満 | 90日 | 120日<br>(90日) | 180日 | 210日 | 240日 |
| 35歳以上<br>45歳未満 | 90日 | 150日<br>(90日) | 180日 | 240日 | 270日 |
| 45歳以上<br>60歳未満 | 90日 | 180日 | 240日 | 270日 | 330日 |
| 60歳以上<br>65歳未満 | 90日 | 150日 | 180日 | 210日 | 240日 |

(　　) 内は、平成29年3月31日までに退職した人の所定給付日数

〈障害者などの就職困難者〉

| 被保険者期間 ＼ 年齢 | 1年未満 | 1年以上 |
|---|---|---|
| 45歳未満 | 150日 | 300日 |
| 45歳以上65歳未満 | 150日 | 360日 |

※65歳以上は退職理由にかかわらず、被保険者期間が1年未満は30日、1年以上は50日が失業認定後に一時金として支給される。

## Q3 雇用保険と年金の裏ワザはないの？

難易度は高いですが、まったくないわけではありません。

まず、雇用保険をもらうと、年金（65歳前の厚生年金のみ）の支給はたしかに停止されるのですが、一口に雇用保険といっても、さまざまな給付があります。

年金が停止されるのは、「基本手当」を受給した場合だけ。いわゆる「失業手当」と呼ばれる、失業している日について在職中賃金をもとに決まった額が支給されるやつですね。

## Q4 再就職手当を受給したらどうなる？

再就職手当であれば、それを受給しても、65歳前の厚生年金はもらえます（手続き上は、一度支給停止されるが、その部分は、後から遅れて給付される）。

再就職手当とは、あらかじめ決められた失業手当の支給日数（所定給付日数と呼ぶ）の3分の1以上を残して再就職した人に支給される、お祝い金のようなもの。

失業手当は、すべてもらいきらないと損と考えると、失業期間が長引きますので、「早く就職しても手当が出るので損はないですよ」という主旨の手当です。

## Q5 再就職手当って、どれくらいもらえる？

所定給付日数の3分の1以上を残して再就職すると、支給残日数の60％が支給されるのが基本です。さらに、所定給付日数の3分の2以上を残して就職した人なら、支給残日数の70％が支給される二段階になっています。

たとえば、所定給付日数１５０日の人の場合、50日残して就職すると、30日分の手当を再就職後に一括支給。１００日残して就職すると、70日分の手当がこれまた一括支給されます。

### 再就職手当の支給要件（以下のいずれにも該当すること）

| |
|---|
| ①受給手続き後、7日間の待期期間満了後に就職、または事業を開始したこと<br>②就職日の前日までの失業の認定を受けた上で、基本手当の支給残日数が、所定給付日数の3分の1以上あること<br>③離職した前の事業所に再び就職したものでないこと。また、離職した前の事業所と資本・資金・人事・取引面で密接な関わり合いがない事業所に就職したこと<br>④受給資格に係る離職理由により給付制限（基本手当が支給されない期間）がある人は、求職申込みをしてから、待期期間満了後1カ月の期間内は、ハローワークまたは職業紹介事業者の紹介によって就職したものであること<br>⑤1年を超えて勤務することが確実であること<br>⑥原則として、雇用保険の被保険者になっていること<br>⑦過去3年以内の就職について、再就職手当または常用就職支度手当の支給を受けたことがないこと<br>⑧受給資格決定（求職申込み）前から採用が内定していた事業主に雇用されたものでないこと |

## Q6 具体的に、いくらくらいもらえる？

63歳で基本手当が日額4900円（月給30万円）で計算すると、30日なら14万7000円、70日なら34万3000円になります。さらに150日所定給付日数があるのに1日ももらわないで再就職したら、その70％の105日、約51万円ものお祝い金が一括支給されるのです。

再就職手当は、通常の基本手当よりも、上限額がやや低く設定されているのが玉にキズですが、就職が決まってもう先の心配を一切しなくてもいいときに、お祝い金が一括でもらえるという、願ってもない給付金です（上限額は、60歳未満は日額約6165円、60歳〜64歳は日額4990円）。〝棚ボタ〟とは、こういうことをいうんですね。

## Q7 雇用保険を受給すると、年金が停止されるしくみは？

ハローワークで雇用保険の受給手続き（求職の申込み）をすると、その翌月分から年金は自動的に停止されます。

この調整対象期間に基本手当を受給しなかった月があるときには、受給期間または所定給付日数満了後に、その分の年金があとから調整して支給されます。

そして、この段階では、1カ月のうち1日でも基本手当を受給していると、1カ月分まるまる年金は不支給となっているのですが、「事後精算」（次ページ図参照）といって、正確に基本

## 失業給付と年金の調整の例

ハローワークで失業認定を受けなかったため、9月に失業給付を受給しなかった事例

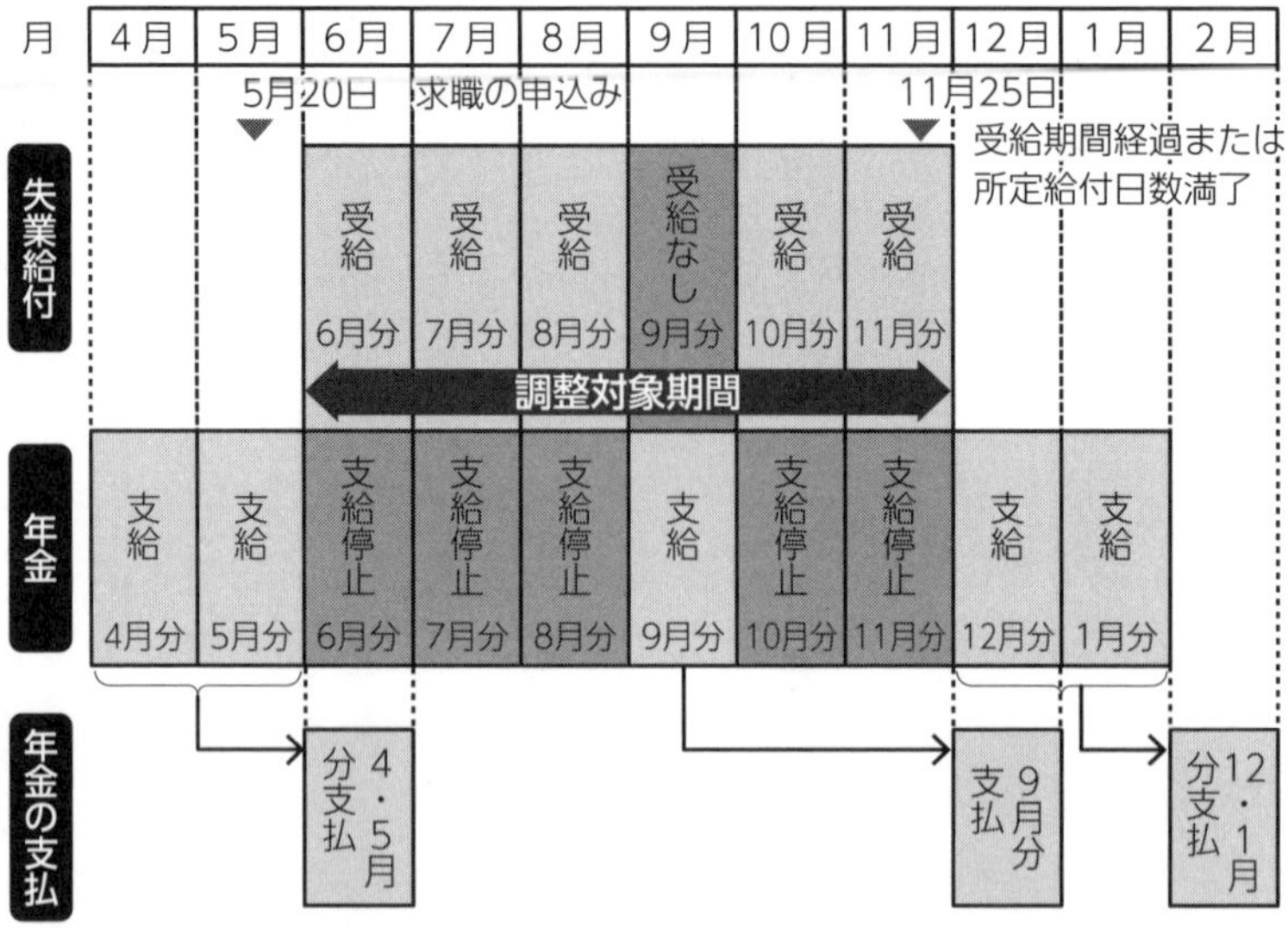


**雇用保険の受給手続きをした時点（求職の申し込み）で年金は停止。そこから、受給期間が経過した月（受給期間満了日の翌日が属する月）または所定給付日数を受け終わった月（最後の失業認定日が属する月）までの調整対象期間は、毎月、基本手当を受給していないか自動的にチェックされる。基本手当を受給していれば、その月の年金受給はなし。もし基本手当を受給していない月があれば、後日（3カ月後）、停止されていた分が支払われるしくみ。**

手当を受給した日数が計算されて、受給しなかった日数については、停止された年金があとから返還されるという流れになります。

## 一時的に支給停止されても、あとで精算してくれる分もある

### 事後精算の例

〈年金が支給停止となる期間〉※給付制限期間３カ月、所定給付日数 150 日の場合

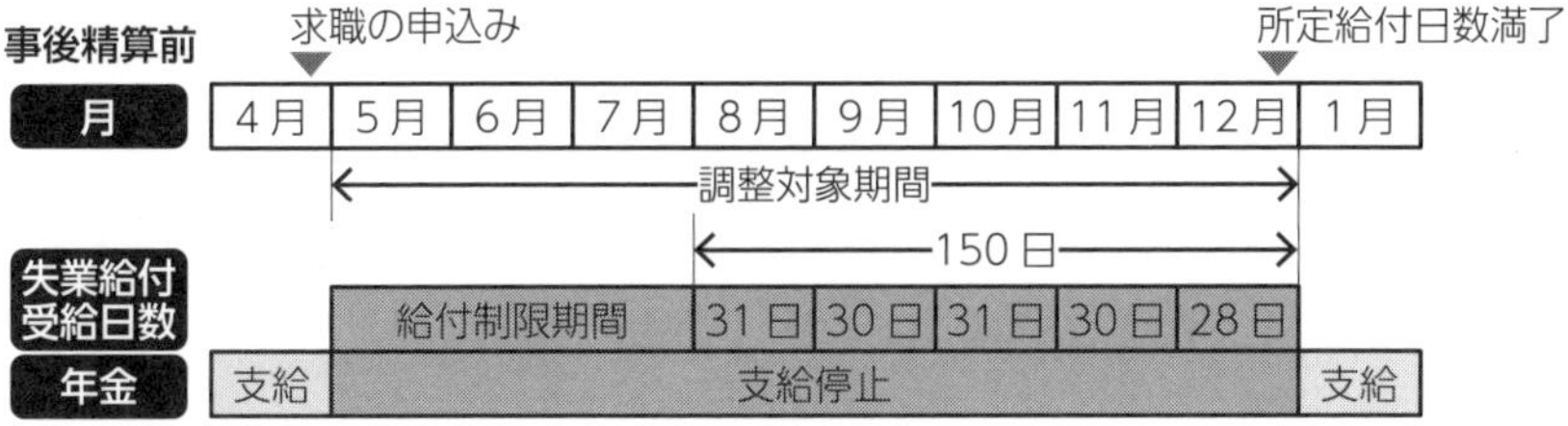


**〈事後精算の方法〉**

$$\text{支給停止解除月数} = 8\text{カ月} - \frac{150\text{日}}{30\text{日}}$$

$$= 8\text{カ月} - 5\text{カ月} = 3\text{カ月}$$

※給付制限期間は含まない

この場合、所定給付日数満了後に直近の支給停止月の３カ月分の
支給停止が解除される。

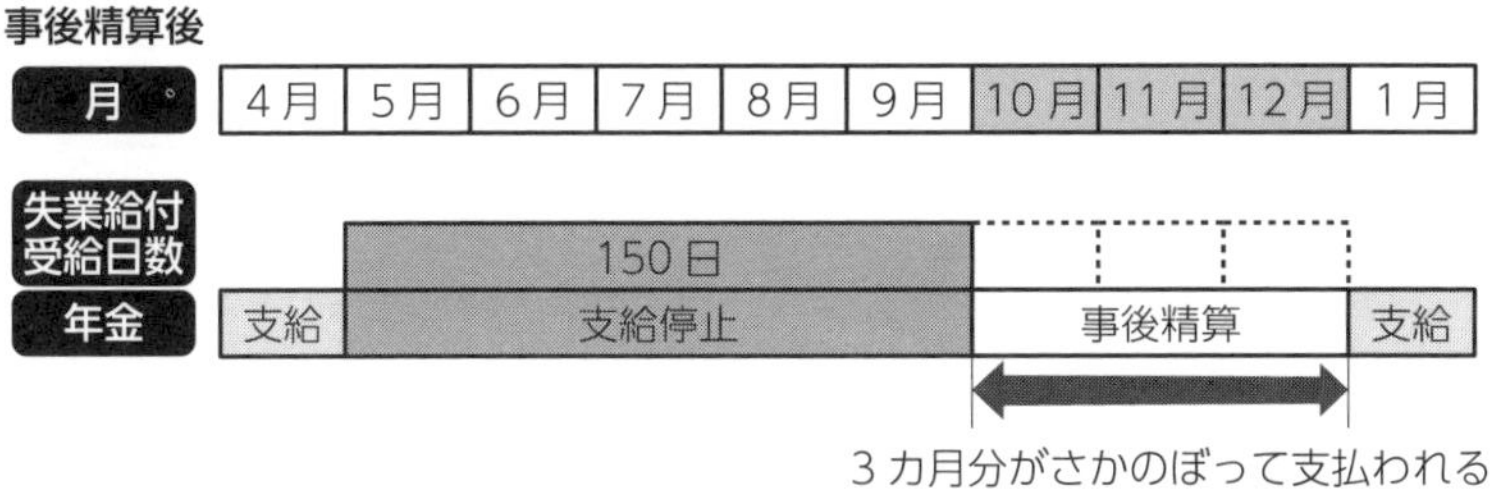


**調整対象期間中に、基本手当を受けた日が１日でもあると、1カ月分まるまる、年金の全額が支給停止される。また、受給手続き後７日間の待期や自己都合退職等に課せられる給付制限期間中の月も、基本手当を受給したのと同じに扱われて支給停止される。**
**そのため、給付制限があったり、失業給付を受けた日数の合計が同じであっても、月をまたいで失業給付を受けたかどうか等の違いにより、年金が支給停止される月数が異なる場合がある。**
**そこで、失業給付の受給期間が経過した日（または所定給付日数を受け終わった日）に調整が行なわれ、さかのぼって年金が支払われる(「事後精算」と呼ぶ)。なお、事後精算手続きは、ほんどのケースで退職から約１年後に行なわれ、実際に入金があるのは、さらに、２～３カ月後になることもある。**

## 65歳前の年金受給中に再就職手当をもらったらどうなる？

会社都合退職・所定給付日数150日の人が
失業手当を1円ももらわずに3カ月で再就職した場合

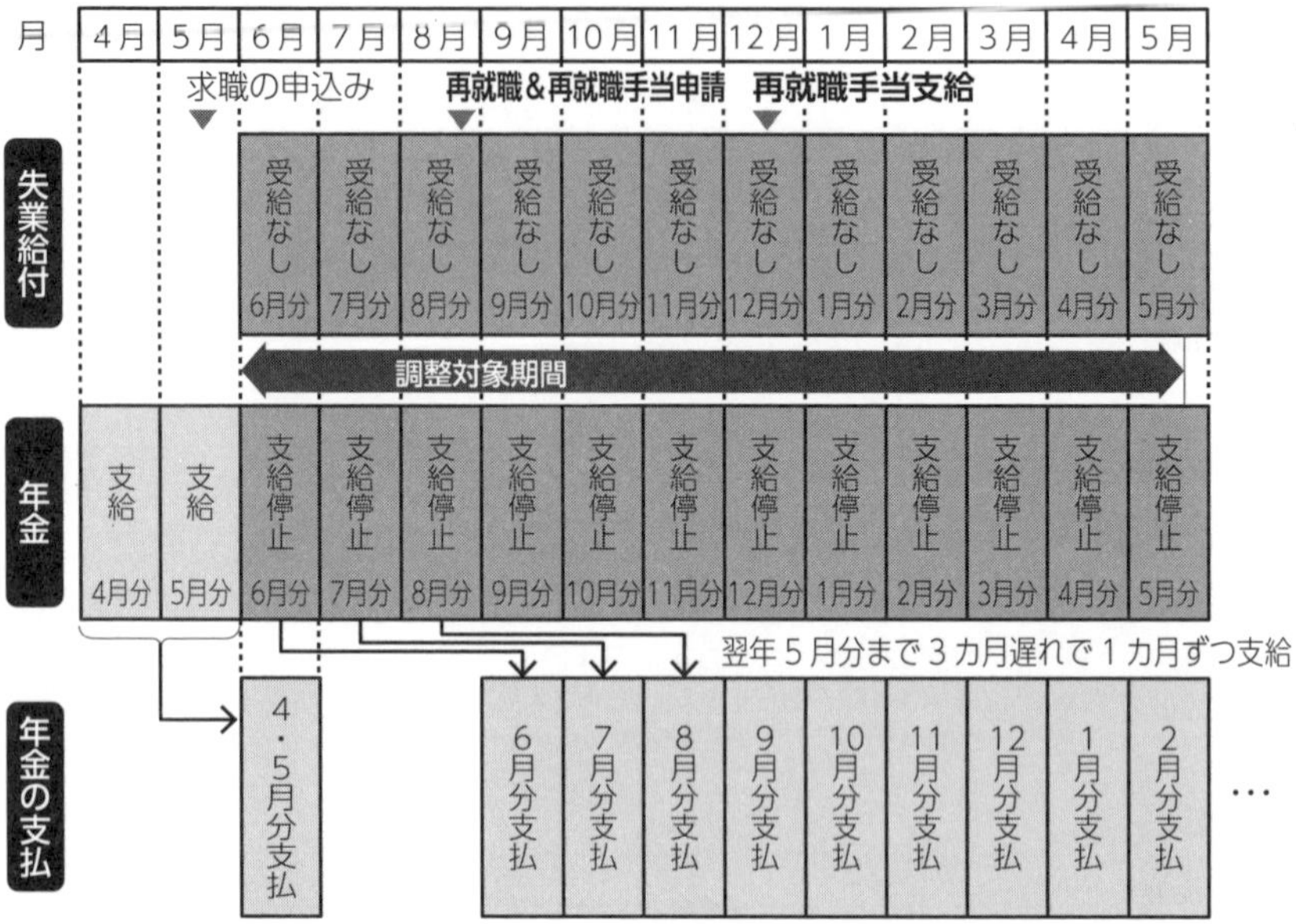


5月20日に雇用保険の受給手続きをして、基本手当を1日も受け取らないまま3カ月で再就職した場合のシミュレーション。受給手続きの翌月から受給期間（退職の翌日から1年間または所定給付日数受給満了まで）は、調整対象期間となり、基本手当を1円も受け取っていなくても、年金は一時的に支給停止になる。

ただし、その間、基本手当を受給していないことが確認されれば、3カ月遅れでその後1カ月ずつ年金は支給される。

一方、8月末に再就職して、すぐに再就職手当を申請すると、2～3カ月後に再就職手当の支給を受けることになるが、再就職手当は年金調整の対象にはならないため、この間に基本手当を一切受け取っていなければ、3カ月遅れで1カ月ずつ年金は支給される。

雇用保険の受給手続きをしてから7日間の「待期期間」は基本手当を受給したのと同じに扱われるため、支給停止されたままだが、その分も、事後精算の手続きによって退職から1年後に支給され、結果として、雇用保険と年金のダブル受給が実現する（自己都合退職に課せられる3カ月の給付制限も同じく、事後精算の対象になる）。

なお、このケースは、再就職先で厚生年金加入するときの月収（給与＋年金）28万円未満を前提としている。もし再就職先で月収が28万円を超えると、再就職後に受け取る年金が一部減額される可能性があるので注意したい。

## Q8 再就職手当をうまく受給するには？

雇用保険の受給手続きをしたら、できるだけ早く再就職することです。希望条件にこだわりすぎると、失業期間が長期化するので、できる限りストライクゾーンを広めにとって、採用されやすそうな募集に応募していくのがコツです。

ハローワークの窓口で紹介状を発行してもらうとき、募集企業に〝想定年齢〟を聞いてもらって、シニアの応募も歓迎してくれるところを選んで応募すると、より精度は高まるでしょう。

## Q9 再就職手当の注意点は、何かありますか？

運悪く離職票で自己都合退職とされて、3カ月の給付制限を受けてしまったケースです。その場合、7日間の待期満了後1カ月以内は、ハローワークの紹介または職業紹介事業者による就職でないと、再就職手当の対象にならないということ。

それさえ注意していれば、あとは再就職後1カ月以内に転職先の証明をもらって申請すればOK。すると2～3カ月後に、めでたく再就職手当が振り込まれるという流れです。

## Q10 正社員の就職でなくても、再就職手当は出る？

もちろん出ます。正規雇用に限らず、制度の対象にはなりますが、「1年以上雇用見込みがある」と、再就職先が証明してくれることが必要です。

なので、そのへんの心配があるようでしたら、内定が出た段階で先方に確認したうえで入社を決めればいいでしょう。

## Q11 再就職手当の申請スケジュールはどうなる？

再就職手当をもらうためには、まず雇用保険の受給手続きをしなければなりません。65歳前に厚生年金を受給している人の場合、受給手続き後は、基本手当を受給しているかどうかを毎月確認されます。

基本手当を受け取っていれば、その月については年金は支給停止。基本手当を受け取っていなければ、その月については後から（3カ月後）年金が支給されます。

この、毎月、基本手当を受け取ったかどうかを確認する期間を「調整対象期間」と呼びます。調整対象期間は、受給満了または1年間の受給期間が終わるまで続きます。

再就職手当の場合は、直接このしくみの影響を受けることはありませんが、そもそも受給するためには、ハローワークで雇用保険の手続きをしなければなりませんので、基本手当受給の有無にかかわらず、手続きをした時点で年金は一時的に停止されます。

## Q12 再就職手当をもらう場合でも、1年間は年金が停止される？

そうです。ただし、雇用保険の受給手続き後の7日間の待期期間と給付制限を受けた期間が経過した後は、基本手当を1日も受給していなければ、その月については3カ月遅れで1カ月ずつ（通常の年金は2カ月ごと）支給されます。

その間にできるだけ早く再就職をして、再就職手当を申請するのがベターです。

なお、再就職手当は、以下のスケジュールで受給することになります。

**①ハローワークへ出向いて、就職日の前日までの失業認定を受ける**

↓

**②就職先の会社の証明書を添えて、再就職手当支給申請書をハローワークに提出する**

↓

**③申請してから2〜3カ月後に再就職手当が振り込まれる**

## Q13 基本手当をもらったら、いつまで65歳前の年金は停止？

受給期間経過、または所定給付日数満了までです。

給付制限なしで、150日失業手当をもらえる人であれば、その150日目の支給決定の認定日が属する月までということになります。

もちろん、この間に失業手当を1日ももらわなかった月があれば、3カ月後に、その分の年金が支給されるので、とにかく、基本手当さえもらわないようにすれば、トータルで年金の受取総額が減ることはありません。

また、給付制限期間中や月をまたいで支給されて停止されていた分の年金についても、「事後精算」といって、あとから返ってきます。

再就職手当をもらう場合は、できれば失業手当は1日ももらわずに再就職すると、一時的に停止された年金についても、ほぼ全額をあとから返してもらうことが可能です。

## Q14 再就職後は、厚生年金に加入してもいい？

はい。もし、加入要件を満たしているようであれば、加入しても特に大きなデメリットはありません。ただし、好条件で転職できた場合、在職老齢年金のルールによって、月収が一定以上であれば、年金が減額されるのは覚悟しないといけません。

## Q15 再就職手当は、いくらくらいもらえる?

所定給付日数150日の人が1日も失業手当をもらわずに再就職した場合は、その70%にあたる105日分の手当が支給されます。

64歳で基本手当が日額4900円(月給30万円)で計算しますと、総額にして約51万円!

年金は一時支給停止にはなるものの、基本手当をもらわなかった月の分は、あとから支給されますので、結果的に雇用保険と65歳前の厚生年金の両方をもらえることになります。

## Q16 雇用保険と年金、どっちを優先したらいい?

ねんきん定期便に記載されたデータをもとに、自分が何歳からいくら厚生年金をもらえるかを年金事務所に確認してみてください。

厚生年金にフル加入していた人でも、月に10万円前後のはずです。もらえる期間も65歳まで数年しかありません(まもなく、65歳前の支給は、すべての年代でなくなります)。

年金をもらうことにこだわりすぎるとソン。年金はキッパリあきらめて、失業手当をより多くもらったほうがトクなケースも少なくありません。

## Q17 60歳以降、失業手当を長くもらうには？

60歳の定年後は、収入が激減しても長年勤務した会社で65歳までは継続勤務するしかないと思われてきましたが、60歳以降も好条件を求めて転職するのが当たり前の時代になりつつあります。そこで雇用保険をフルに使わない手はありません。

たとえば、所定給付日数の3分の2を受け終わるまでに、職業訓練の受講を開始すると、訓練修了まで失業手当の支給が延長されます。

所定給付日数150日の人が、100日分受給する日に6カ月

**訓練延長給付が適用になる支給残日数**

| 所定給付日数 | 給付制限あり | | 給付制限なし | |
|---|---|---|---|---|
| | 3分の2に相当する日数分 | 訓練開始日の支給残日数 | 3分の2に相当する日数分 | 訓練開始日の支給残日数 |
| 90日 | 60日 | 31日 | 90日 | 1日 |
| 120日 | 80日 | 41日 | 120日 | 1日 |
| 150日 | 100日 | 51日 | 120日 | 31日 |
| 180日 | 120日 | 61日 | 120日 | 61日 |
| 210日 | 140日 | 71日 | 140日 | 71日 |
| 240日 | 150日 | 91日 | 150日 | 91日 |
| 270日 | 150日 | 121日 | 150日 | 121日 |
| 300日 | 150日 | 151日 | 150日 | 151日 |
| 330日 | 150日 | 181日 | 150日 | 181日 |

※原則として、所定給付日数の3分の2（最長150日）を受け終わるまでに訓練開始した場合のみ、訓練修了まで失業手当を延長して給付を受けられる。
例外的に、会社都合で退職して給付制限を課せられなかった人に限っては、3分の2超を受給しても、訓練延長給付が受けられる（点線で囲んだ部分）

コースの職業訓練を開始したとすると、そこから訓練修了までの半年間（180日）給付は延長。結果的に、9カ月以上も失業手当を受給できるのです。

なお、訓練を修了しても就職が決まらなかった人は、特例的に30日間の給付を受けられますので、これも含めれば、10カ月間にもわたって手当をもらい続けることができます。

## Q18 職業訓練をうまく活用するには？

志望の訓練コースがみつかって申し込んでみたものの、入校予定日にはすでに3分の2の給付を受け終わっていて、訓練開始後の延長給付はなくなる、というのがありがちなパターン。

そんなときには、途中の認定日にアルバイトをしたと申告して、失業手当を一定期間受け取らないようにすること。それによって受給可能期間が伸びて（ただし、退職の翌日から1年間が限度）、入校予定日に〝3分の2ルール〟を満たしていれば、訓練延長給付されます。

## Q19 有利な裏ワザはないの？

ひとつだけあります。それは、人気コースに先行して受講申し込みをする方法です。

早期に職業訓練を志望したものの、応募者多数のため、受講者選抜から漏れた不運な人には、3分の2ルールを満たしていなくても、延長給付の対象になる特例があります。その場合、入校予定日に支給残日数が1日でもあればOK。

これを知っていれば、退職後、真っ先に人気コースを申し込んでおき、もし選考に漏れたら、手当をたっぷりもらってから別の訓練に申し込むのがベター。すると、所定給付日数が短い人でも、かなり長く受給できることになります。

国も、年金に頼らず高齢になっても働けといっているわけですから、もし再就職で苦労したときには、1年くらい雇用保険から給付をもらうべき。その間、スキルアップのための訓練も含めて、国が用意しているセーフティネットはフルに活用すべきでしょう。

## Q20 再雇用後、大幅減収となったら、生活できないんですが……

そんなときに、心強い味方になってくれるのが、雇用保険の「高年齢雇用継続給付」です。

雇用保険に5年以上加入している人が、60歳以降に再雇用されたものの、60歳時点と比べて給与が75％未満に下がったとき、最大で支給額の15％を給付してくれます。

たとえば、定年退職時に月給40万円だった人が再雇用後にその半分の月給20万円になったとします。そうしたら、高年齢雇用継続給付が月給20万円の15％に相当する3万円が65歳になるまで毎月支給されるのです。

## 高年齢雇用継続基本給付金の支給要件とは？

①60歳以上65歳未満の一般被保険者であること
②被保険者であった期間（注）が5年以上あること
③原則として60歳時点と比較して、60歳以後の賃金（みなし賃金を含む）が60歳時点の75％未満となっていること
④高年齢再就職給付金については、再就職の前日における基本手当の支給残日数が100日以上あること
また、給付金の額は、60歳以後の各月に支払われた賃金の原則15％（賃金の低下率によって15％を上限にして支給率も変動）

（注）「被保険者であった期間」とは、雇用保険の被保険者として雇用されていた期間のすべてを指す。なお、離職等による被保険者資格の喪失から新たな被保険者資格の取得までの間が1年以内であることおよびその間に求職者給付および就業促進手当を受給していない場合、過去の「被保険者であった期間」として通算される。

**高年齢雇用継続基本給付金の受給パターン**

**（例 1）**

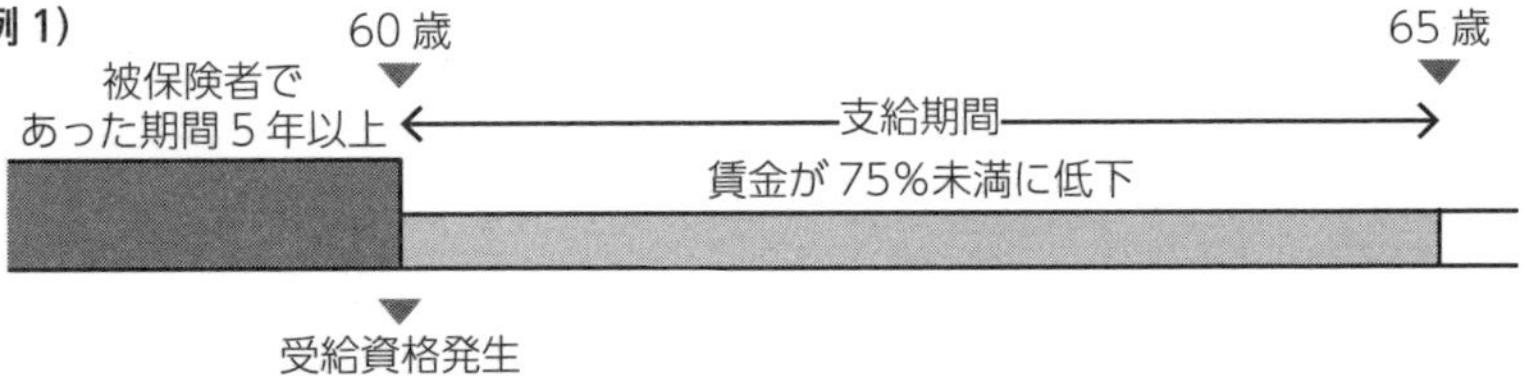


**（例 2） 60 歳到達時点では支給対象者でなくとも、後に支給対象者となる場合**

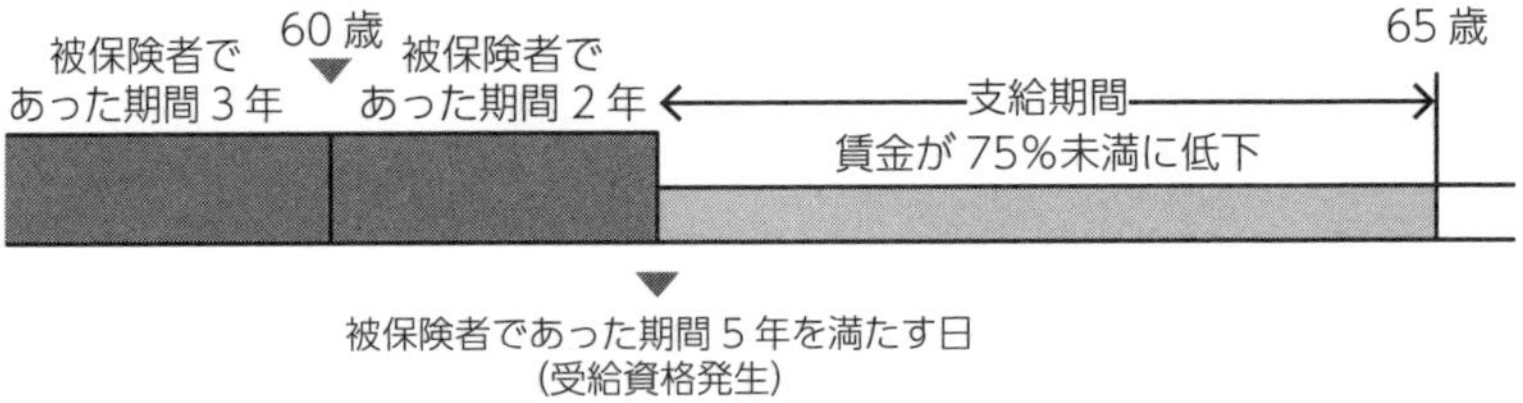


→この場合、受給資格が発生した時点の賃金月額と比較することになる

**（例 3） 60 歳到達時点では被保険者でなかった方で、支給対象となる場合の例**

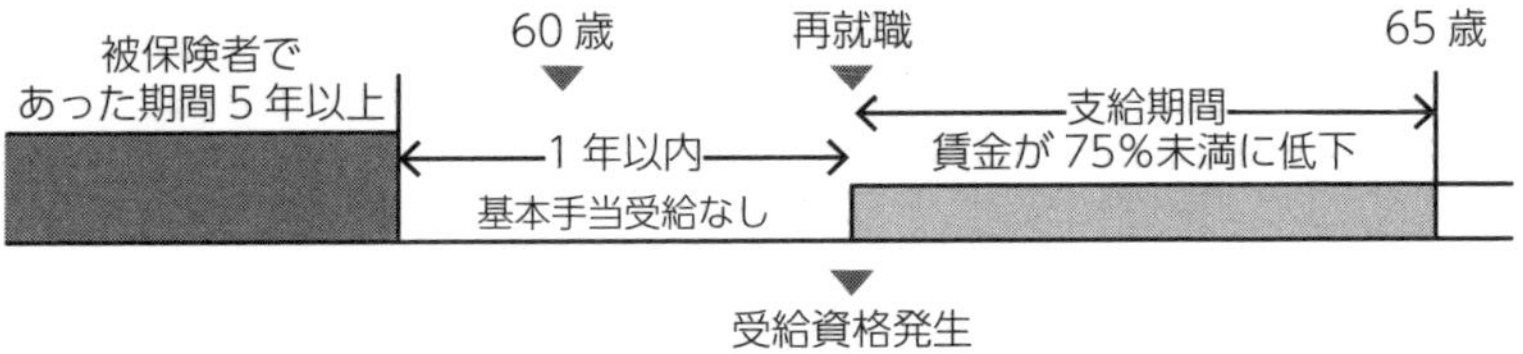


→この場合、離職した時点（被保険者であった期間 5 年以上の場合に限る）の賃金月額と比較することになる

## 高年齢雇用継続給付の支給額

**賃金月額が 30 万円である場合の支給額の例**

①支給対象月に支払われた賃金が 26 万円のとき
　賃金が 75%未満に低下していないので、支給されない。
②支給対象月に支払われた賃金が 20 万円のとき
　低下率が 66.67%で 61%を超えているので、

$$\text{支給額} = -\frac{183}{280} \times 20\text{万円} + \frac{137.25}{280} \times 30\text{万円} + 16{,}340\text{円}$$

③支給対象月に支払われた賃金が 18 万円のとき
　低下率が 60%なので、支給額＝18 万円 ×15%＝2 万 7,000 円
④支給対象月に支払われた賃金が 8,000 円のとき
　低下率が 2.67%なので、支給額＝8,000 円 ×15%＝1,200 円となるところだが、
　2,000 円以下なので支給されない。

**[早見表の見方]**

60歳到達時の賃金月額と比較した支給対象月に支払われた賃金額（みなし賃金額）の低下率に応じた支給率を、支給対象月に支払われた賃金額に乗ずることにより、高年齢雇用継続給付の給付金の支給額がわかる。

| 低下率 | 支給率 | 低下率 | 支給率 |
|---|---|---|---|
| 75.00%以上 | 0.00% | 68.00% | 6.73% |
| 74.50% | 0.44% | 67.50% | 7.26% |
| 74.00% | 0.88% | 67.00% | 7.80% |
| 73.50% | 1.33% | 66.50% | 8.35% |
| 73.00% | 1.79% | 66.00% | 8.91% |
| 72.50% | 2.25% | 65.50% | 9.48% |
| 72.00% | 2.72% | 65.00% | 10.05% |
| 71.50% | 3.20% | 64.50% | 10.64% |
| 71.00% | 3.68% | 64.00% | 11.23% |
| 70.50% | 4.17% | 63.50% | 11.84% |
| 70.00% | 4.67% | 63.00% | 12.45% |
| 69.50% | 5.17% | 62.50% | 13.07% |
| 69.00% | 5.68% | 62.00% | 13.70% |
| 68.50% | 6.20% | 61.50% | 14.35% |
| | | 61.00%以下 | 15.00% |

注1：60歳到達時の賃金月額は、算定した額が476,700円を超える場合は476,700円となる。また、算定した額が75,000円を下回る場合は75,000円となる。
　2：高年齢雇用継続給付の支給限度額は、363,359円なので、支給対象月に支払われた賃金の額に上記により算定した「支給額」を加えた額が363,359円を超える場合は、363,359円から支給対象月に支払われた賃金の額を減じた額が支給額となる。
　3：また、上記により算定した「支給額」が2,000円を超えない場合は、高年齢雇用継続給付は支給されない。

## Q21 高年齢雇用継続給付は、65歳前の年金とダブルでもらえる？

いえ、高年齢雇用継続給付をもらうと、年金は一部カットされます。

高年齢雇用継続給付は、支給率が最大の15％になったとき（月給が60歳到達時の61％以下）に、年金カット額も最大になり、標準報酬月額（厚生年金保険料計算の元になる月給額）の6％がカットされます。

定年退職時に月給40万円の人が60歳以降に月給20万円となって、その15％が支給された人の場合、月給20万円の6％にあたる1万2０００円が年金からカットされることになります。

## Q22 年金カットなしの裏ワザはないの？

高年齢雇用継続給付は、厚生年金に加入していなければ、年金カットはされません。

これは在職老齢年金と同じしくみですね。

しかし、在職老齢年金が、単純に社保に加入しないことによって年金カットを避けられるのに対して、高年齢雇用継続給付の場合、雇用保険に加入していないと給付金そのものがもらえません。つまり、高年齢雇用継続給付の場合は、「社保に加入しないで働く」方法は、無意味なのです。

## 老齢厚生年金と高年齢雇用継続給付の併給調整について

特別支給の老齢厚生年金（在職老齢年金）の支給を受けながら、同時に高年齢雇用継続給付の支給を受けている期間については、高年齢雇用継続給付の給付額に応じ、次のとおり年金の一部が支給停止される場合がある。

**併給調整の内容**

| | |
|---|---|
| 標準報酬月額が、60歳到達時の賃金月額の61％以下である場合 | 老齢厚生年金について、標準報酬月額の6％相当額が支給停止される |
| 標準報酬月額が、60歳到達時の賃金月額の61％を超えて75％未満の場合 | 老齢厚生年金について、標準報酬月額に6％から徐々に逓減する率（支給停止率）を乗じて得た額が支給停止される（下記早見表参照） |
| 標準報酬月額が、60歳到達時の賃金月額の75％以上である場合、または標準報酬月額が高年齢雇用継続給付の支給限度額以上の場合 | 高年齢雇用継続給付が支給されないので、併給調整は行なわれない |

（参考）「60歳到達時の賃金月額」に対する「標準報酬月額」の
割合に応じた年金の支給停止率　早見表

| 標準報酬月額 / 60歳到達時賃金月額 | 年金停止率 |
|---|---|
| 75.00％以上 | 0.00％ |
| 74.00％ | 0.35％ |
| 73.00％ | 0.72％ |
| 72.00％ | 1.09％ |
| 71.00％ | 1.47％ |
| 70.00％ | 1.87％ |
| 69.00％ | 2.27％ |
| 68.00％ | 2.69％ |
| 67.00％ | 3.12％ |
| 66.00％ | 3.56％ |
| 65.00％ | 4.02％ |
| 64.00％ | 4.49％ |
| 63.00％ | 4.98％ |
| 62.00％ | 5.48％ |
| 61.00％以下 | 6.00％ |

（表示上小数点以下2ケタ未満を四捨五入）

- 標準報酬月額とは、厚生年金保険の基準で決定された1カ月あたり賃金相当額で、年金額等の計算の基礎となっているもの
- 高年齢雇用継続給付が不支給となった月は、老齢厚生年金と高年齢雇用継続給付の併給調整は行なわれない
- 高年齢雇用継続給付を受ける時は、老齢厚生年金の裁定手続きの際に必要な手続きがある

**詳しくは最寄りの年金事務所に**

## Q23 高年齢雇用継続給付は、諦めるしかない？

そんなことはありません。ひとつだけ〝抜け道〟が存在します。

それは、厚生年金と雇用保険は加入要件が異なる点に注目する方法です。

すなわち、狭義の社会保険である厚年・健保は、通常週30時間以上勤務で加入義務が生じるのに対して、労働保険である雇用保険は、それよりもハードルが低い週20時間以上で加入義務が生じるようになっています。

ということは、週20時間以上30時間未満の契約で働くと、雇用保険だけに加入して厚生年金と健康保険には加入しなくてもよくなります（ただし、別に国民健康保険には加入しなければなりません）。

つまり、定年後は、週20時間以上30時間未満の雇用保険だけに加入するパート勤務になる。すると、再雇用後も、年金をカットされずに高年齢雇用継続給付をもらう〝おいしいとこどり〟が可能になるわけです。

## Q24 例外はないの？

あります。従業員が501人以上または労使で合意した企業については、週20時間以上勤務で月収8・8万円以上などの条件を満たしていれば、非正規のパートタイマーでも厚生年金と健康保険に加入することになっています。

国民年金なら、60歳以上は保険料納付義務はなくなりますが、厚生年金の場合、加入要件を満たした人は漏れなく（70歳未満）加入義務があるからです。したがって、勤務先がこれに該当する人は、高年齢雇用継続給付をもらうと、65歳前の厚生年金は一部支給停止されます。

## Q25 60歳以降に転職すると、高年齢雇用継続給付はもらえなくなる？

もらえなくなります。60歳以降に一度でも雇用保険をもらうと、それまでの加入期間がリセットされるため、65歳までに「5年加入」の支給要件を満たせなくなってしまうからです。あえて雇用保険を受給せずに1年以内に転職すれば、加入期間はリセットされずに通算できますが、現実問題として、それも難しいかもしれません。

そんなときに役立つのが「高年齢再就職給付金」です。

## Q26 高年齢再就職給付金って、どんな制度？

高年齢雇用継続給付のバリエーションのひとつで、60歳以降、再雇用されるのではなく、他の会社へ転職して減収になったときに役立つ給付金です。

支給要件は、本体とほぼ同じなのですが、唯一異なるのが「再就職の前日における支給残日数が100日以上あること」が追加されていること。

定年前の会社にそのまま再雇用されるのではなく、別の会社に転職して、収入が大きく下がった人はこの給付の対象になるわけですが、その場合、先に失業手当を多少ならもらっていてもOKという制度になっています。

失業手当を受給した後、60歳以降に再就職して、再就職後の各月に支払われる賃金が、失業手当算定のもとになった会社での賃金の75％未満になった人が支給対象です。

## Q27 高年齢再就職給付金の支給される期間は？

所定給付日数を100日以上残して就職

### 高年齢再就職給付金

**主な支給要件**

- 基本手当の支給残日数が100日以上
- 安定した職業に就いたこと
- 被保険者であった期間が5年以上であること
- 支給対象月に支払われた賃金額が基本手当の基準となった賃金日額を30倍した額の75％未満に低下していること　など

**支給額**

支給対象月において支払われた賃金の最大15％（一定の上限あり）

**支給方法**

原則2カ月毎に支給（65歳に達する日までの期間に、基本手当の支給残日数が200日以上の場合は最大2年間、100日以上の場合は最大1年間）

**申請期限**

最初に支給を受けようとする支給対象月の初日から起算して4カ月以内（初回の支給申請）

したときには1年間だけ、高年齢雇用継続基本給付金と同じ額が支給されます。

さらに、所定給付日数を200日以上残して就職すれば、2年間にわたって支給されるという二段階システムになっています（65歳に達するまで）。

60歳から5年間支給される基本給付金と比べると、再就職給付金のおトク感はいまひとつですが、基本給付金のような加入期間の縛りがないうえ、すでに基本手当を一部もらっていることを考えれば、結構ありがたい給付といえるのではないでしょうか。

ひとつ注意したいのは、高年齢再就職給付金をもらってしまうと、先述したおトクな再就職手当がもらえなくなること。したがって、事前にハローワークで計算してもらって、どちらか有利なほうを選択するのが賢明でしょう。

## Q28 雇用保険がより多くもらえるのは何歳？

60歳前の45歳~59歳の年齢層です。

とりわけ、59歳と60歳とでは大きな差が出ます。

第一に、もらえる失業手当の日額の基準が、60歳以降、大きくダウンします。

60歳未満の年齢層は、退職前半年間における平均賃金（賃金日額）の8割~5割を支給されます。それが60歳になったとたんに8割~4・5割と、賃金日額が高い人は給付率が5％ダウン。

また、年齢別に設定されている失業手当の上限額も、45歳以上60歳未満が約8300円なのに対して、60歳以上65歳未満は約7150円と、約14パーセントダウンします。

## Q29 どれくらい差が出る?

勤続20年以上の月給45万円の人が退職するケースで比較すると、59歳なら総額112万円(7500円×150日)もらえるところが、60歳になって退職した人は、総額101万円(6750円×150日)となって、約11万円の差が出てしまう計算です。

この試算は、どちらも給与が同じ45万円としていますが、60歳以降に再雇用されて月給が20万円に下がった賃金をもとに計算(日額4700円・150日で70万5000円)して比較すると、両者の差は40万円以上になってきます。

## Q30 だったら、60歳になる誕生日の前日に退職したほうがトク?

そうともいえません。

雇用保険法上では「誕生日の前日に満年齢に達する」とされているので、60歳になる誕生日の前々日でないと、その目的を達成できません。

また、59歳で退職できたとしても、今度は、それによるデメリットも発生します。

## Q31 どんなデメリットがある？

第一に、退職金が減る可能性があることです。

そもそも「定年退職の日」の定義は、会社によってまちまちです。

60歳とか65歳などの決められた誕生日を「定年」とする会社もあれば、定年年齢の誕生日を迎えた月の末日とか、あるいは、定年年齢の誕生日以降に迎える最初の3月31日を「定年」とする会社もあります。

就業規則の記載次第では、それらの「定年」よりも1日でも早く退職すると、「自己都合退職」と扱われて、退職金が減らされたり、雇用保険の受給でも、3カ月の給付制限が課せられたりするかもしれないデメリットが出てきます。

なので、あらかじめ勤務先に「60歳になる2日以上前に退職するとどうなるのか」を確認するのが先決です。

また、そもそも60歳定年で再雇用制度のある企業の場合、たとえ給与は減ったとしても、再雇用での安定した収入が失われるデメリットも小さくはありません。それらを総合的に考慮して決断すべ

### 雇用保険の基本手当日額の上限は？

| 年齢 | 基本手当日額の上限額 |
|---|---|
| 30歳未満 | 6,815円 |
| 30歳以上45歳未満 | 7,570円 |
| 45歳以上60歳未満 | 8,335円 |
| 60歳以上65歳未満 | 7,150円 |

755円アップ
765円アップ
1,185円ダウン

きです。

## Q32 定年前のおトクな退職チャンスは？

勤務先の会社が期間限定で希望退職者を募ったとき、60歳になる寸前でその制度に応募するパターンです。

その場合、勤務先の会社からは定年まで勤務した場合よりも退職金や給与等で有利なオプションが提示されるのが第一のメリット。

そのうえで、雇用保険を受給するときの退職理由が「定年退職」（給付制限のない自己都合扱い）ではなく「会社都合」と扱われて、より有利な条件で失業手当を受給できます。

たとえば、勤続20年以上の人の場合、自己都合では失業手当の所定給付日数は150日ですが、会社都合になったとたん、これが330日に激増します。

勤続年数が短くても「45歳以上60歳未満」であれば、被保険者期間1年をクリアしただけで所定給付日数は90日から180日と倍増します。

上限額（退職前平均日額1万6000円）以上もらっていた人ならば、330日分で総額264万円もの失業手当をもらえることになります。

## Q33 60歳の定年時に退職しても自己都合？

基本的に「定年退職」は、あらかじめ退職が予定されていて、本人がそれまでに準備ができることから、会社都合ではなく、あくまでも自己都合として扱われます。

ただし、一般の自己都合とは違って、給付制限だけはつきません。これは契約社員の期間満了と同じ扱いです。

もし、会社側が定年後の再雇用や勤務延長の制度を設けて、それに応ずることができる状態にあるにもかかわらず、自分の意志で退職した場合には、一般の自己都合と同じく給付制限がつきますので、その点は注意が必要です。

## Q34 64歳と65歳でも雇用保険の格差がある？

第一に、60歳を境にしたときと同じく、失業手当を計算するときの上限額が下がります。64歳までは最高で日額約7100円だった上限額が、65歳になると約6800円と4％程度ダウン（給付率は最高45％から50％にアップするが、上限額が大きく下がるため、実質的にその恩恵はない）。

すでに再雇用で給与が下がっていると、大きな影響はないかもしれませんが、いちばんのデメリットは給付日数が大きく減るかもしれないことです。

65歳以上の人が失業したときは、一般被保険者としてではなく「高年齢被保険者」として、「高年齢求職者給付金」が30日分（1年未満加入）、または50日分（1年以上加入）が支給されます。

65歳未満なら、自己都合でも20年以上は150日、会社都合では最高330日もらえるのと比較すると、決定的なデメリットといえるでしょう。

## Q35 デメリットを回避する裏ワザはないの？

あります。64歳の条件で雇用保険を受給することです。

雇用保険の失業手当は、退職日前日の年齢によって受給権が確定しますので、その前日、つまり誕生日の前々日までに退職すると、65歳以上の「高年齢被保険者」ではなく、「一般被保険者」として、より長く失業手当を受給できます。

ただし、60歳定年と同様に、就業規則で「定年退職日は65歳」と定められている会社では、「自己都合退職」とされて退職金が減額されたり、失業手当の受給にあたって、3カ月の給付制限が課せられる場合もありますので、その点は事前に確認してから決断したいものです。

## Q36 65歳以上でも雇用保険をもらうと年金停止される？

雇用保険をもらうと年金が支給停止になるのは、65歳前の厚生年金なので、65歳以上になってもらえる年金は、一切カットされません。

実は、この裏ワザの最大のメリットが、年金を停止されることなく、雇用保険も満額もらえる点です。

通常は、64歳までの有利な雇用保険を選択するか、もしくは65歳になってから、雇用保険は多少不利になっても年金カットなしを選択するかのどちらかです。

ところが、前記の65歳になる前々日までに退職して、65歳になってから雇用保険をもらう方法ですと、その両方のメリットを享受できる〝いいとこどり〟が可能になるわけです。

## Q37 65歳以降も、働いて給料をもらうと年金はカットされる？

理論的にはされますが、ほとんどの人はその心配はないでしょう。

在職老齢年金のしくみの基本は、65歳以降も同じなのですが、年金カットされる限度額が違ってきます。

65歳までは年金と給与収入を足した額が月28万円を超えると、その超えた額の半額の年金がカットされるしくみでしたが、65歳以降は、限度額が28万円から47万円へと大幅アップします。

なので、よほどたくさん年金をもらっている人でなければ、65歳以降に働いて年金をカットされることはないでしょう。

## Q38 高年齢被保険者が有利な点は?

受給までの手続きが簡素化されている点でしょう。

一般被保険者は、4週間に一度は必ず失業認定を受けて、「失業していた」と確認された日についてのみ失業手当が支給されますが、高年齢になると、失業認定は一度だけで、30日分(1年未満加入)または50日分(1年以上加入)の高年齢求職者給付金が一括支給されます。受給までのめんどうがほとんどないのがメリットといえます。

また、一般の雇用保険被保険者は、自己都合で退職した場合、過去2年間に12カ月以上雇用保険に加入していないと、退職後に失業手当を受け取ることができませんでした。それが、65歳以上対象の高年齢求職者給付金になると、退職理由にかかわらず、過去1年間に6カ月以上雇用保険に加入していれば、退職後に失業手当を受給できます。

6カ月以上勤務すると失業手当がもらえるのは、大きなメリットといえるでしょう。

## Q39 65歳になる前に退職したほうが有利？

必ずしもそうとはいい切れません。

65歳になると、いよいよ国民年金が受給開始となり、厚生年金も満額もらえるようになりますから、それ以上アクセク働く必要はなくなるはずです。

でも、年金だけでは生活していくのが年々困難になりつつある時代ですから、働けるのであれば、勤務日数を減らしてでも、もう少し働くという選択肢も当然出てきますよね。

そのときに気になるのが、やはり雇用保険。

数年前までは、65歳をすぎると新たに雇用保険に加入することはできませんでした。なので、65歳以降に転職した場合、もうそれ以上はセーフティネットなしの状態で働かざるをえなかったのですが、いまは、65歳以降でも新規に加入できるようになりました。

ということは、働ける限り生涯、雇用保険をもらえるようになったことを意味します。

## Q40 雇用保険をフルに活用するには？

失業手当の受給可能日数を飛躍的に長くできる、公共職業訓練を活用するのがいちばん現実的でしょう。

これまで就労可能な年齢を65歳とされていたため、60歳以降に職業訓練を受講するケースは稀で、志望しても就職できる可能性が必ずしも高まるとはいえないため、職業訓練受講のチャンスは限られていました。

しかし、いまや国の政策によって、定年年齢を65歳からさらに引き上げ、年金の受給もいずれ70歳以降としたい方向性もあり、60歳以上であっても職業訓練がふつうに受講できるように変わりつつあります。

なので、その方向性をうまく活用して、雇用保険の失業手当がもらえる日数を増やすのが賢明です。

前述した裏ワザを駆使して、所定給付日数150日の人が6カ月の訓練コースを志望すれば、1年近くは失業手当をもらい続けることができます。

## Q41 繰り下げ請求も視野に入れる？

65歳以上は、その間もちろん失業手当と年金のダブル受給も可能になるわけですが、もし可能であれば、その1年間年金をもらわずに、繰り下げ請求をすることで、将来の年金を8％分増やすという超裏ワザもあります。

繰り下げ請求は、あと何年生きるかわからないなかで、損得は容易に計算できないものですが、もしその間、雇用保険から年金と同じくらいの収入が得られるようであれば、結果的には、損することなく将来の年金を増やせるといえるでしょう。

そういったことも、ひとつひとつ制度の細かい点を確認しながら考えていくと、思わぬ裏ワザが可能になっていくでしょう。

## Q42 65歳以上でも、本当に雇用保険に入れる？

雇用保険は、週20時間以上勤務していて、雇用される見込みが31日以上あれば、その時点で加入義務が生じますが、その手続きを取らない不届きな中小零細企業もごく稀にですが、あることは確かです。

もし、そんな不遇に見舞われたときには、勤務していた事業所を管轄するハローワークへ出向くのが得策。

「週20時間以上勤務していて、雇用される見込みが31日以上ある」ことを証明さえすれば、過去に溯って雇用保険の手続きを取るように、ハローワークが会社に指導してくれるはずです。

それでも加入しなかったら、ハローワークが会社に調査に入って、強制的に雇用保険の加入手続きを取らせて、離職票まで発行してくれます。これを「職権確認」と呼びます。

加入要件を満たしているのに、加入手続きがされなかったら、退職後、ハローワークに駆込んで「厳しく指導してください。もし従わなければ、職権確認してください」というのがコツです。

著者略歴

日向　咲嗣（ひゅうが　さくじ）

1959年、愛媛県生まれ。大学卒業後、新聞社、編集プロダクションを経て、フリーランスライターに。失業・転職など職業生活全般をテーマにした執筆活動を展開中。おもな著書に『第8版 失業保険150％トコトン活用術』『ハローワーク150％トコトン活用術 4訂版』『新版「職業訓練」150％トコトン活用術』（同文舘出版）、『家賃は今すぐ下げられる！』（三五館シンシャ）、『58歳からのハローワーク200％活用術』（朝日新聞出版）などがある。2018年、失業当事者に寄り添った執筆活動が評価され、「貧困ジャーナリズム賞」受賞。

連絡先　hina@ba.mbn.or.jp または、hina39@gmail.com

●無料メール相談実施中！
　失業・転職・社会保険等、労働問題全般についての相談を随時受け付けています。また、本書の内容に関するご質問も大歓迎ですので、困りごと、不明点などありましたら、ご遠慮なく上記のアドレスまでメールしてください。なお、都合により返信が遅くなる場合もありますので、その点はあらかじめご了承ください。

「国民年金」150％トコトン活用術

2020年 1月 2日 初版発行

著　者 —— 日向咲嗣

発行者 —— 中島治久

発行所 —— 同文舘出版株式会社

東京都千代田区神田神保町1-41　〒101-0051
電話　営業03（3294）1801　編集03（3294）1802
振替 00100-8-42935
http://www.dobunkan.co.jp/


ISBN978-4-495-54024-1
印刷／製本：三美印刷
Printed in Japan 2020